안녕? 나는 호모미디어쿠스야

현직 기자가 들려주는 AI시대 미디어 수업

노진호 지음

(주)자음과모음

미디어는 참 가깝고도 먼 친구입니다. 하루를 돌아보면 나와 가장 많은 시간을 보내는 존재인데, 막상 누군가가 미디어에 대해 물으면 대답을 머뭇거리게 됩니다. 하루가 다르게 발전해 가는 요즘 미디어를 보면 더욱 그런 것 같아요. 2000년대에 이르러 인터넷이 널리 보급되면서 우리나라는 세계 최고의 인터넷 강국으로 우뚝 섰습니다. 2010년 이후 보편화된 '손안의 세상' 스마트폰은 누가 뭐래도 우리 삶을 획기적으로 편하게 만들었죠. 하지만 여전히 '이렇게 인터넷, 휴대전화를 많이 사용해도 되나?' 생각하며 고개를 갸우뚱거리는 스스로를 발견하곤 합니다. 2016년 이세돌 9단을 이긴 인공지능 알파고가 우리에게 준 충격을 넘어, 새로운 3차원의 가상 공간 '메타버스'는 지금도 미지의 세계에 대한 기대와 두려움을 안겨 주고 있습니다. 정말 복잡한 세상이죠?

이럴 때 기준이 되어 주는 건 과거에 우리가 지나온 발자취입니다. 말·문자미디어에서부터 대중을 향한 매스미디어를 거쳐 인터넷을 기반으로 한 뉴미디어까지 인류는 항상 당대의 새로운 미디어와 함께 성장해 왔습니다. 때로는 미디어를 현명하게 이용해 난민 정책을 바꾸는 등 약자를 보호하는 데 앞장섰고, 때로는 폭력적으로 미디어를 악용해 전쟁이라는 상흔을 남기기도 했죠. 이 책에서는 그러한 여러 경험을 통해 미디어와 호흡해 온 우리의 모습을 알아보려고 합니다.

인터넷을 기반으로 한 21세기 뉴미디어 시대에 우리는 검색 한 번으로 원하는 정보를 찾을 수 있고, 나에게 딱 맞는 콘텐츠를 들여다볼 수 있어요. 주목받지 못했던 개인의 끼는 유튜브 속에서 오늘도 많은 이들의 눈과 귀를 사로잡고 있죠. 반면 온라인상의 가벼운 말 한마디, 댓글 한 줄도 누군가에게는 치명적인 폭력이 됩니다. 잘못된 정보가 마치 사실인 양 올바른 선택을 방해하기 쉽죠. 디지털과 인터넷을 공기처럼 받아들이고 있는 청소년들이 미디어의 이점은 받아들이고 폐해는 걸러 낼 수 있도록 스스로를 지키는 방법을 책에 담고자 노력했습니다.

미디어의 역사는 인류가 상대와 어떻게 소통해 왔는지를 말해 주는 대화의 역사이기도 합니다. 돌아보건대, 미디어는 우리와 점점 더 가까워졌습니다. 우리의 메시지 또한 가까운 곳에만 가 닿을 수 있었던 시절을 넘어 지금은 장소와 상관없이 어디에든 닿을 수 있게 됐고, 말을 옮기듯 짧게만 기억되었던 것을 넘어 지금은 발자국처럼 인터넷에 영구적인 기록으로 남게 됐죠. 앞으로도 미디어는 우리와 더욱 가까워질 것이고, 미디어를 통한 메시지의 힘은 보다 세질 거예요. 우리에게 미디어는 더 친밀하고 절대적일 수밖에 없습니다. 우리가 함께 만들어 갈 새로운 대화의 역사에서 이 책이 길잡이가 되기를 바랍니다.

끝으로 책의 방향성과 미디어에 대해 수시로 논의하며 함께 책을 빚은 문진아 편집자를 비롯한 출판사 관계자와 미디어라는 흥미로운 영역을 경험할 기회를 준 JTBC와 중앙일보에도 감사드립니다. 특히 언제나 제 인생의 나침반 역할을 해 주는 아내 이윤정과 늘 밝은 미소로 부끄럽지 않은 아빠가 되도록 돌아보게 하는 아들 노문경에게도 마음을 다해 고마움을 남깁니다.

차례

1 당신의 하루도 미디어하세요?

2 뉴미디어 넌 정체가 뭐니?

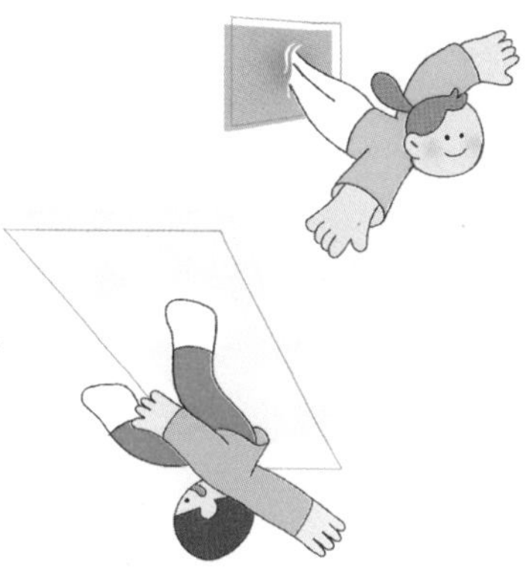

3 우리가 꿈꾸는 미래 우리에게 다가올 미래

4 달리는 뉴미디어 기차에서 나를 지키는 법

1

당신의 하루도 미디어하세요?

미디어로 열고 닫는 하루

"우리가 살아가고 있는 이 세상을 나는 제대로 바라보고 있을까?"

여러분은 혹시 이런 고민을 해 본 적 있나요? 뜬금없을지 모르지만 저는 한 번씩 이런 물음을 스스로 던져 보곤 합니다. 세상에는 수많은 사람이 있고, 하루에도 무수히 많은 사건이 벌어지고 있습니다. 그에 반해 이 넓은 세상을 한눈에 담기에 나라는 존재는 작디작게 보여 고개를 갸우뚱거리게 되는 거죠. 그럼에도 저는 이 세상이 어떤지, 또 어떤 방향으로 나아가야 하는지 어렴풋하게나마 인식하고 있습니다. 여기서 저와 세상을 이어 주는 존재는 무엇일까요? 여러 요소가 있겠지만 그중 으뜸은 아마도 미디어가 아닐까 싶어요. 저뿐만 아니라 여러분도 미디어를 통해 세상의 여러 소식을 접하고 판단하고 있을 테니까요.

그런데 누군가가 "미디어가 무엇인가요?" 하고 묻는다면 여러분은 곧장 답할 수 있나요? 온종일 나와 함께하는 친근한 친구이자 없어서는 안 될 굉장히 중요한 존재 같긴 한데, 막상 뭐라고 대답해야 할지 막막할지도 모릅니다. 아마도 그동안 미디어가 무엇인지 진지하게 생각해 볼 기회가 없었기 때문일 거예요.

지금부터 여러분과 함께 가까운 이야기부터 시작해 볼까 합니다. 일상에서 우리가 얼마나 많이 미디어를 접하고 있는지 그리고 미디어를 어떻게 이용하고 있는지 말이에요.

미디어로 여는 아침

"지니야, 오늘 날씨 어때?"

눈을 뜨자마자 인공지능 스피커 '기가지니'에게 날씨를 묻습니다.

"맑지만 자외선이 강하니 외출할 때 주의하세요."

화창한 날인가 봐요.

"기온은 8도로 평균 기온이 어제보다 2도 낮습니다."

머릿속으로 오늘의 옷차림을 떠올려 봅니다. 간단히 씻고 나오면 이제 신문을 볼 차례입니다. 매일 새벽 집 앞으로 배달된 신문을 집어 듭니다. 요즘에는 신문 보는 사람이 많이 줄었지만, 저는

사람과 대화하는 인공지능 스피커.

어릴 때부터 들였던 신문 보는 습관을 이어 가는 중이에요. 신문을 넘길 때 바스락거리는 종이의 마찰음이 유난히 좋습니다. 그와 함께 전해지는 종이와 잉크 특유의 내음도 정겹습니다.

오늘 신문의 톱뉴스는 정치 관련 기사네요. 아 참, 그거 알아요? 신문 기사는 크기와 위치에 따라 신문사에서 얼마나 이 뉴스를 중요하게 생각하는지 알려 줍니다. 보통 위에서 아래로, 왼쪽에서 오른쪽으로, 분량이 긴 것에서 짧은 것 순으로 중요하다고 판단하죠. 그리고 신문사는 독자도 그렇게 생각해 주기를 바랍니다. 그래야 신문에 실린 기사가 사회적으로 반향을 일으킬 확률이 높아지니까요. 이를 미디어의 의제 설정 기능이라고 합니다. '사람들이 무엇을 중요하게 생각하고 있는지'뿐만 아니라 '사람들이 무엇을 중요하게 생각해야 할지' 또한 고려해서 이야기를 전달하는 거예요. 의제 설정 기능이 얼마나 효과를 발휘하느냐에 따라 그 매체의 영향력을 평가하기도 하죠.

물론 신문사가 배열한 대로 뉴스를 받아들일 필요도, 모든 기사를 꼼꼼히 읽을 필요도 없어요. 눈코 뜰 새 없이 바쁜 아침, 저 역시 빠르게 제목만 읽어 보곤 합니다. 그래도 걱정 없습니다. 간편하게 휴대전화 하나면 어디서든 기사를 이어 볼 수 있으니까요. 그렇게 아침에 못다 읽은 오늘의 뉴스를 포털 서비스에서 찾아보고, 무엇이 가장 중요한 이슈인지 곱씹어 봅니다.

제 하루는 보통 이렇게 시작됩니다. 인공지능 스피커, 종이 신문, 휴대전화 속 포털 뉴스로 채워지죠. 여러분은 어떤가요? 누군가는 신문 대신 TV로, 또 다른 누군가는 스마트폰 속 포털 뉴스 대신 동영상을 볼지도 모르겠네요.

우리는 이렇게 정보를 전해 주는 매개체와 늘 함께하고 있습니다. 이 매개체들을 통틀어 '미디어'라고 부르죠. 미디어가 무엇인지 조금 더 쉽게 이해해 볼까요? 우선 간단하게 미디어를 '그릇'이라고 생각해 보기로 해요. 그럼 미디어가 전하는 정보나 이야기는 '음식'이 되는 거죠. 음식을 먹기 위해서는 담을 그릇이 필요하잖아요. 마찬가지로 우리가 어떤 이야기를 접하거나 전하기 위해서는 새로운 정보를 전해 받을 그릇, 바로 미디어가 있어야 하죠.

사람에 따라 자주 이용하는 미디어는 다를 겁니다. 예를 들어, 할머니, 할아버지는 신문과 TV를, 청소년이나 어린이는 스마트폰과 컴퓨터를 상대적으로 더 많이 이용할 거예요. 하지만 분명한 것은 미디어는 이미 우리에게 공기처럼 일상화됐고, 우리는 숨 쉬듯 미디어를 접하고 있다는 사실입니다. 우리도 모르는 사이에 말이죠. 실제로 우리는 미디어를 얼마나 오래 접하고 있을까요?

일상을 점령한 미디어

사람들은 하루에 얼마나 미디어를 접할까요? 우리나라 사람 만 명 이상을 대상으로 어떻게 생활하고 있는지 들여다봤습니다. 그랬더니 글쎄, 하루 평균 7시간 37분 동안 미디어를 접하고 있었어요(정보통신정책연구원, 2021). 하루 24시간 가운데 30퍼센트 이상을 미디어와 함께하는 거죠. 이는 우리가 학교에서 공부하거나 잠을 자고 밥 먹는 시간을 뺀 나머지 대부분의 시간을 미디어와 함께 보낸다는 뜻이에요.

우리나라만 그런 건 아닙니다. 한 미국 IT 전문매체의 조사 결과, 미국인들은 하루 평균 11시간 6분 동안 미디어를 접하는 것으로 나타났습니다(레코드, 2021).

그런데 흥미로운 사실은 미디어를 접하는 시간이 매년 조금씩 늘고 있다는 점이에요. 2011년에 비해 우리나라는 1시간 7분, 미국은 1시간 52분이 늘었습니다. 단 10년 만에 말이죠. 지금 우리는 역사상 가장 많은 시간을 미디어와 함께하고 있다고 해도 틀린 말은 아닐 거예요. 그래서 지금의 인류를 '매체를 이용하는 사람'이라는 의미에서 '호모미디어쿠스Homo Mediacus'라고 정의하기도 합니다.

우리의 미디어 이용 시간은 왜 자꾸 늘어나는 걸까요? 하루는 누구에게나 변함없이 24시간으로 한정돼 있고, 밥 먹거나 잠자는 시간이 매년 줄어든 것도 아닌데 말이에요.

미디어학자인 로저 피들러Roger Fidler에 따르면 새로운 미디어가 탄생할 땐 그것이 독자적으로 '짠' 하고 나타나는 경우는 거의 없다고 해요. 옛 미디어와의 상호 작용을 통해 탄생하고 한 단계 나아간다는 거죠. 그리고 이 과정에서 새로운 미디어는 옛 미디어의 주요 특성을 이어받습니다. 따라서 미디어는 빠르고 편하게 이야기를 주고받는 방향으로 발전합니다. 더욱더 개인화되고 가지고 다니기 편리해지면서 상호 작용은 빨라지는 거예요.

음악을 예로 들어 볼까요? 옛날에 LP판Long Playing Record을 올려놓고 큰 스피커로 집에서 듣던 음악은 카세트테이프Cassette Tape를 거쳐 콤팩트디스크Compact Disk를 넣어 재생해 듣는 CD플레이어로, 그리고 전자 형식의 음악 파일을 다운로드해 듣는 MP3플레이어를

오디오 기기에 사용할 수 있는 LP판(좌)과 카세트테이프(우).

건너 이제는 인터넷 연결만으로 실시간 재생 가능한 스트리밍 서비스를 통해 들을 수 있게 됐습니다. 미디어는 이용자인 우리와 나날이 더 가까워지고 있는 겁니다. 아직 상용화는 안 됐지만 뇌에 마이크로칩을 심어 생각만으로 로봇 팔이나 비행기, 자동차를 조종하는 기술도 시험 중이에요. 어쩌면 미디어가 발전하고 있는 궁극적인 방향은 우리와 가까워지는 것을 넘어 우리와 하나가 되는 것일지도 모릅니다.

이처럼 미디어는 옛 미디어와 소통하며 생물처럼 진화를 거듭하면서 점점 우리에게 다가오고 있습니다. 그렇기에 미디어 이용 시간이 꾸준히 늘고 있는 건 어쩌면 자연스러운 현상이죠.

그렇다면 지금 우리와 가장 가까운 미디어는 무엇일까요? 곧장 스마트폰이 떠오르나요? 지금도 손 닿는 곳에 스마트폰이 있지 않나요? 실제로 스마트폰과 같은 휴대전화는 미디어 이용 시간 증가에 가장 큰 역할을 하고 있어요. 2011년 미국의 휴대전화 사용 시간은 하루 45분에 불과했지만 2021년에는 4시간 12분(252분)으로 5배 넘게 늘었습니다.

인터넷과 만난 휴대전화는 그야말로 블랙홀입니다. 메신저, 이메일, TV, 뱅킹, 게임, 쇼핑까지 모든 걸 손안으로 끌어들이고 있습니다. 오죽하면 이런 휴대전화의 이름을 '똑똑한 전화기(스마트폰)'라고 지었을까요. 인터넷 강국인 우리나라의 스마트폰 보급률은 93퍼센트가 넘고, 미국과 이스라엘 등 선진국의 보급률도 80퍼센트 이상입니다. 그만큼 대부분 사람들이 스마트폰을 사용하고 있다고 말할 수 있습니다. 경제 성장과 통신 인프라 개선에 따라 차츰 개발도상국의 스마트폰 보급률도 높아지고 있어요. 앞으로 스마트폰을 통해 지구는 더욱더 가까워질 겁니다.

예측하기 힘든 미디어의 미래

휴대전화는 파괴적 혁신을 불러일으키며 우리와 가장 가까운 미디어가 되었지만, 이렇게까지 빠르게 확산되리라고는 쉽게 예측하지 못했어요. 휴대전화가 상용화되기 전인 1980년, 미국의 통신회사 AT&T는 글로벌 컨설팅 업체 매킨지에 굵직한 컨설팅을 하나

의뢰했습니다. 2000년까지 미국 사람들이 휴대전화를 얼마나 쓸지 예측하여 보급률을 알아봐 달라는 것이었죠. 관련 업계에서 휴대전화 개발 및 상용화를 위한 실험과 도전이 이어지자 여기에 어떻게 대응해야 할지 궁금했던 거예요.

매킨지는 "2000년에 미국에서 90만 명 정도가 휴대전화를 이용할 것"이라고 답했습니다. 실제로는 어땠을까요? 매킨지가 예측한 수치는 실제의 1퍼센트에도 미치지 못했습니다. 2000년에 무려 1억 900만 명이 휴대전화를 사용한 거죠. 2000년 전후로 휴대전화의 사용이 급증했거든요. 당시 "휴대전화 이용자들이 엄지의 새로운 능력을 발견했다"며 '엄지족Thumb Tribe'이란 말까지 등장했을 정도였으니까요.

하지만 매킨지의 컨설팅을 믿었던 AT&T는 휴대전화 시장에 소극적으로 대처했어요. 결국 1994년에야 뒤늦게 미국 휴대전화 업계 선구자였던 회사 맥코 셀룰러를 무려 158억 달러(약 17조 원)에 사들여야 했습니다. 지금의 화폐 가치로 환산하면 실로 값비싼 대가를 지불한 셈입니다.

조금 더 시간을 거슬러 올라가면 반대로 AT&T가 이득을 얻은 경우도 있습니다. 최초의 전화기를 개발한 것으로 알려진 그레이엄 벨Graham Bell은 1876년 자신의 음성 전화 기술 특허를 전기통신 회사인 웨스턴 유니언에게 10만 달러에 팔려고 했어요. 세계 최초

전화기를 시험하고 있는 그레이엄 벨.

음성 전화 특허를 넘긴다니, 이게 웬 떡일까요?

하지만 웨스턴 유니언은 이를 거절했습니다. "전화 음성이 매우 약하고 선명하지 않다"고 말이죠. 심지어 "전보(전기로 보내는 문자)를 이용해 전국 대도시로 메시지를 보낼 수 있는데, 사람들이 이 '장난감'을 사용하고 싶어 할까요?"라고 되묻기도 했어요. 이후 벨은 투자자와 함께 '벨 전화 회사'를 차렸고 전화 사업을 주도했습니다. 이 회사가 이후 AT&T가 되었죠.

어떤 것이든 미래를 예측하기란 쉽지 않은 법이지만, 미디어의 미래는 더욱 예측이 어렵다는 것을 보여 주는 사례입니다.

왜 우리는 미디어를 배워야 할까?

어느덧 우리의 일상은 미디어와 떼려야 뗄 수 없습니다. 하지만 앞으로 어떤 미디어가 나타날지 예측하는 것은 매우 어렵습니다. 인터넷의 발달로 동시다발적으로 새로운 미디어가 등장하고 있는 요즘은 더욱 예측 불가능에 가깝습니다. 영화 〈터미네이터〉(1984)는 인공지능인 스카이넷이 인류를 적으로 인식해 몰살하고 지구를 지배하는 모습을 그렸습니다. 그런 디스토피아Dystopia적 미래는 아닐지라도 우리 역시 나도 모르는 사이 미디어에 지배당하게 될지도 모를 일이죠. 그렇기 때문에 우리는 더욱 미디어를 제대로 마주하고 지켜봐야 합니다.

이솝 우화 「여우와 두루미」 이야기를 알고 있나요? 여우는 친구 두루미를 집에 초대해 음식을 대접했지만 두루미는 먹질 못합니다. 넓적한 대접에 담아 내온 스프를 두루미의 뾰족한 부리로는 도저히 먹을 수 없었으니까요. 자신을 골탕먹였다고 생각한 두루미가 이번에는 여우를 초대합니다. 그러고는 호리병에 스프를 내왔죠. 하지만 여우의 뭉툭한 주둥이로는 호리병에 담긴 스프를 먹을 수 없었어요. 먹음직스러운 음식도 어떻게 전달하는지에 따라 의미가 싹 바뀌는 것입니다.

이야기를 전하는 '그릇'인 미디어도 똑같습니다. 미디어학자 마

이솝 우화 「여우와 두루미」.

셜 매클루언Marshall McLuhan은 "미디어는 메시지"라고 정의했습니다. 「여우와 두루미」 우화에 담긴 이야기를 곱씹어 보면, 메시지를 전달하는 미디어 자체가 메시지라는 말을 이해할 수 있을 거예요.

우리가 미디어와 친해지고 배워야 하는 또 하나의 이유는 미디어에 담긴 내용뿐 아니라 그 내용을 담은 미디어가 우리에게 주는 영향 또한 크기 때문이에요. 미디어가 지금까지 어떻게 발전해 왔는지, 각 시대를 대표하는 미디어와 세상은 어떻게 호흡했는지를 살펴보고, 그를 통해 미디어의 특성과 생리를 배울 수 있다면 우리가 미디어에 휘둘리는 일이 줄어들 거예요.

비둘기도 미디어라고?

한때는 평화의 상징이었지만 지금은 유해 야생 동물로 지정된 새가 있습니다. 혹시 어떤 동물인지 아나요? 이 동물, '닭둘기'로 불리기도 합니다. 이제는 눈치챘죠? 바로 비둘기입니다. 옛날에는 날렵하게 하늘을 날아다녔지만 이제는 살이 찐 몸으로 도심을 배회하는 비둘기는 닭둘기라고 조롱당하며 혐오의 대상이 되었어요.

그렇다고 해서 그저 가볍게만 볼 동물은 아니에요. 비둘기가 인류 역사에 끼친 영향이 크기 때문입니다. 수많은 사람을 살리는 희망의 전령사 역할을 하기도 했고, 멀리 떨어진 곳에 안부 편지를 전하며 사랑의 큐피드 역할을 하기도 했어요.

희망을 전해 준 비둘기

옛 기록 중 하나인 성경에서도 비둘기의 활약상은 눈부십니다. 종교인이 아니더라도 다들 노아의 방주에 대해서는 잘 알 거예요. 신이 인간을 창조한 뒤 인간은 자손을 늘려 가며 번성했어요. 그런데 수가 늘어난 인간은 자만했고, 내재된 탐욕은 극에 이르렀습니다. 보다 못한 신은 인간을 창조한 것을 후회하며 벌을 내리기로 했습니다. 홍수를 일으켜 모두 떠내려가게 하는, 상상만 해도 무서운 엄벌이었죠. 단, 욕심 없이 바르게 살던 인간 노아만은 살려 주

〈노아의 방주(Noah's Ark)〉(에드워드 힉스[Edward Hicks], 1846).

기로 했어요. 신의 계시로 큰비가 내릴 것을 알아차린 노아는 커다란 배 '방주'를 만들고 자신의 가족과 함께 여러 동물을 암컷과 수컷으로 짝지어 배에 태웠습니다. 계시대로 큰비가 내렸을 때, 결국 방주에 탄 생물만이 살아남았죠.

그런데 문제가 생겼어요. 커다란 방주 안에서는 비가 그치고 물에 잠겼던 땅이 드러났는지 알 길이 없었던 거예요. 그때 등장한 동물이 바로 비둘기입니다. 비둘기는 귀소 본능이 있는 새예요. 어디에 있든 자신이 살던 곳으로 돌아갑니다. 노아는 비둘기를 세 차례 날려 보냈는데, 마지막 비둘기가 돌아오지 않자 그제야 방주에서 나와 새 삶을 꾸렸습니다. 비둘기가 땅 위에 있는 자신의 집으로 돌아간 걸 보고 물이 모두 빠졌다는 것을 알았던 거죠.

여기에서 비둘기는 땅에 물이 빠졌다는 사실을 알림으로써 다시 새로운 삶을 이어 갈 수 있다는 희망을 전해 준 동물입니다. 일종의 미디어였던 거예요. 비둘기가 미디어라니 의아한가요? 하지만 미디어의 뜻을 들여다보면 이해할 수 있을 겁니다. 미디어의 어원은 '중간, 적절한, 절반'을 뜻하는 '메드Med'예요. 미디어는 매개체를 뜻하는 '미디엄Medium'의 복수형으로, 간단한 의사 표현뿐만 아니라 복잡한 철학과 사상, 마음과 감정을 전하는 모든 수단을 가리킵니다. 그러니 노아에게 희망을 전해 준 비둘기 또한 미디어였던 셈이죠.

세계 평화의 해(1986)에 발행된
소련 우표에 나타난 비둘기.

실제로도 비둘기는 미디어로서 눈부신 역할을 했습니다. 2020년 9월 프랑스 북동부 지역 잉어스하임Ingersheim에서 흥미로운 쪽지가 발견됐습니다. 이곳을 여행하던 커플이 5센티미터 크기의 작은 알루미늄 캡슐 안에서 오래된 쪽지를 찾았죠. 거기에는 이렇게 적혀 있었어요. "포소프 소대는 퍼레이드 그라운드의 서쪽 경계에 도착하자마자 총격을 받았다. 포소프 소대도 대응 사격을 한 뒤 잠시 후 후퇴한다." 이 쪽지는 무려 110년 전인 1910년대에 비둘기가 실어 나르던 군사 메시지였던 것입니다.

고대 로마에서도 비둘기를 메신저로 활용했고, 제1차 세계대전에서 적군의 위치를 오인해 아군에게 폭격을 가했던 미군에게 그 사실을 알려 194명의 목숨을 구한 비둘기도 있습니다. 이렇게 임무 중에 죽은 비둘기가 제1차 세계대전에서 10만 마리, 제2차 세계대전에서 20만 마리나 됐다고 해요.

누구보다 빨랐던 미디어, 봉화

비둘기처럼 언뜻 미디어라고 생각하기 어렵지만 당시에는 주요한 미디어 역할을 했던 것들을 어렵지 않게 찾아볼 수 있습니다. 아직 전화가 없던 시절, 자연의 힘을 빌려 나라의 비상 상황을 알렸던 봉화가 대표적이죠.

여러분, 혹시 산에서 돌로 높이 쌓은 봉수대를 본 적이 있나요? 옛날 사람들이 적의 침입을 알리기 위해 불(봉화)이나 연기를 피웠던 곳입니다. 주로 밤에는 불을, 낮에는 연기로 사람들에게 소식을 알렸어요.

©Wikimedia Commons

수원 화성에 있는 봉수대.

봉수대는 보통 5개씩 있는데, 여기에는 이유가 있습니다. 불을 피우는 개수에 따라 각각 전하는 메시지가 달랐어요. 불이나 연기가 1개면 아무 일도 없다는 뜻이었습니다. 하지만 적이 나타났을 때는 2개, 적이 국경 가까이 오면 3개, 쳐들어오면 4개, 싸움이 벌어지면 5개의 불을 올렸죠.

우리나라에서는 삼국 시대 때부터 사용하기 시작했고, 조선 시대에 이르러 체계가 완전히 잡혔습니다. 지금 우리가 타는 기차는 경로에 따라 전라선, 경부선, 강경선 같은 노선이 있죠? 봉수대도 그랬어요. 전국에 5개의 노선이 있었고, 이 노선을 잇는 600여 개의 봉수대가 전국에 분포해 있었습니다. 그리고 봉화의 마지막 종착지는 한양도성 목멱산의 봉수대였어요. 지금의 서울 남산이죠. 남산에는 원래 5개소의 봉수대가 있었지만 지금은 터만 남아 있습니다. 그중 1개소만 1993년에 역사 고증을 통해 복원해 놓았죠.

과연 봉화는 얼마나 빨리 전달됐을까요? 영화 〈반지의 제왕 : 왕의 귀환〉(2003)을 보면 악당 사우론의 공격을 받은 곤도르에서 봉화가 올라오고, 그 봉화가 이웃나라 로한까지 전달되는 장면이 나옵니다. 눈 덮인 산을 넘어 어둠을 뚫고 불이 전해지는 모습은 보는 이의 마음을 벅차게 하는 명장면으로 손꼽히고는 하죠.

실제로는 어땠을까요? 기록에 따르면 우리나라 부산포에 왜적이 나타나 불을 올리면 한양까지 전달되는 데 약 12시간이 걸렸다고 합니다. 각 봉수대 사이의 거리는 약 30리(12킬로미터)였는데, 부산에서 한양까지 450킬로미터라고 하면 약 40개 봉수대를 거쳐야 하는 셈이죠. 즉, 봉수대에서 봉수대로 불이 전해지는 데 대략 20분 정도 걸렸던 거예요. 지금처럼 전화 한 통으로 단숨에 소식을 전하는 것과 비교하면 너무 답답한가요? 하지만 당시엔 그 어떤 수단보다 빠르게 나라의 비상 상황을 알릴 수 있는 미디어가 바로 봉화였답니다.

그럼 동물의 도움도 못 받고, 자연의 속성도 활용할 수 없을 때는 어떻게 했을까요? 그럴 때는 별수가 없었습니다. 사람이 직접 전달해야 했죠. 사람 자체가 미디어가 된 거예요. 그리스의 역사가 헤로도토스Herodotos에 의하면, 기원전 490년 고대 그리스의 아테네는 쳐들어오는 페르시아 군대에 맞서기 위해 전령 페이디피데스(필리피데스)Pheidippides를 보내 이웃 도시국가 스파르타에 지원군을 요청했습니다. 페이디피데스는 이틀 만에 스파르타에 도착했는데, 이때 뛰었던 거리가 자그마치 약 240킬로미터였습니다.

이후 마라톤 평원에서 아테네가 승리하고, 승전보를 전하기 위해 페이디피데스가 약 40킬로미터를 달려 소식을 전한 일화는 더욱 유명합니다. 아테네에 도착한 페이디피데스는 가쁜 숨을 토해내며 "우리가 승리했다. 아테네 시민들이여, 기뻐하라"라고 외친 뒤 죽고 말았다고 해요. 이 이야기에 매력을 느낀 프랑스의 언어학

〈마라톤의 용사(Le Soldat De Marathon)〉(뤽 올리비에 메르송[Luc-Olivier Merson], 1869).

자 미셸 브레아Michel Breal는 19세기 말 마라톤 경기를 정식으로 제안했고, 마라톤 경기의 기원이 되었죠. 그런데 사실 승리를 알린 뒤 숨졌다는 페이디피데스 이야기는 역사적으로 있었던 일이라기보다 이야기꾼들이 각색한 것에 가깝다고 합니다.

인류 최대 발명품 문자

비둘기에 봉화, 게다가 사람 자체도 미디어라니. 대체 어디까지 미디어냐고요? 이쯤 되면 세상 모든 게 다 미디어는 아닌지 헷갈릴지도 모르겠습니다. 실제로 미디어학자마다 미디어의 범위를 다르게 보고 규정했어요. 그중에서도 대표적인 미디어학자인 마셜 매클루언은 미디어를 굉장히 폭넓게 봤습니다. 그는 '지구촌'이라는 개념을 1962년에 처음으로 제시하고 예측했어요.

매클루언은 인간의 신체와 감각 기능을 확장하는 도구와 기술을 미디어라고 봤습니다. 즉, 인간이 편하게 살기 위해 만들어 낸 도구는 모두 미디어로 볼 수 있다는 것입니다. 예를 들면, 바퀴와 자동차·기차는 발을 확장했고, 망치와 드라이버, 컴퓨터 마우스는 손을, 옷과 집은 피부를, 안경은 눈을 확장시킨 미디어라고 볼 수 있는 거예요. 매클루언은 손에 잡히는 물건이 아닌 인간의 경험과 사고를 확장하는 이데올로기Ideologie나 이론 같은 정신적인 산물까지도 미디어로 보았습니다.

인간의 감각을 확장시킨 미디어 중 인류사에서 가장 위대한 것은 무엇일까요? 저는 단연 문자를 꼽고 싶어요. 문자의 가장 큰 특징은 시간과 공간의 제약을 뛰어넘는다는 사실입니다. 문자가 없다고 상상해 보세요. 붓이나 펜, 심지어 휴대전화가 있다고 한들 우리는 말하고 싶은 메시지를 효율적이고 효과적으로 오랫동안 전달할 수 없을 거예요. 말은 같은 공간과 시간에 있는 사람에게만 직접적으로 전해질 뿐입니다. 물론 입에서 입을 통해 전달할 수도 있지만 그 과정에서 의미가 왜곡될 가능성이 있고, 사람의 기억력에도 한계가 있기 때문에 모든 걸 그대로 전할 수는 없죠. 시대를 넘어 전해지는 그림이나 조각 역시 전하고자 하는 의미 중 일부만을 전달할 수 있을 뿐 구체적인 메시지를 담을 순 없습니다. 하지만 문자는 그런 한계를 뛰어넘기에 그 의미가 남다릅니다. 문자의 발명은 곧 본격적인 역사 기록의 시작을 의미하기도 하죠. 그렇다면 최초의 문자는 무엇이고, 또 언제 나타났을까요?

세계 4대 문명 중 하나인 메소포타미아 문명은 티그리스강과 유프라테스강 유역의 메소포타미아 지역에서 시작된 인류 최초의 문명입니다. 최초의 문자도 바로 이곳에서 시작됐습니다. 설형문자는 기원전 3000년쯤부터 메소포타미아문명을 중심으로 약 3000년간 사용되었어요. 문자 선이 쐐기 모양으로 돼 있어 쐐기문자라고도 합니다. 고대인들은 당시 그 지역에서 흔했던 진흙 점토에 갈대 줄기나 뾰족한 도구로 구멍을 내거나 그림을 그리면서 문자를 새겼어요. 점토는 표시하기 편하고, 실수하더라도 굽기 전까지 다시 고쳐 쓸 수 있으며, 굽고 나면 비교적 오랫동안

© Wikimedia Commons

고대 설형문자가 새겨진 돌 조각.

보관도 가능했기 때문이에요.

가장 오래된 설형문자는 이라크의 우루크 지역에서 발견됐는데, 주로 계산을 위한 숫자판처럼 쓰였어요. 이는 당시 메소포타미아 지역의 문명이 발달하면서 물건 거래가 활발해지는 등 필요성이 높아졌기 때문이라고 추측하고 있습니다. 많은 학자들은 농경 사회가 점차 발달하면서 농업·상업적 지식과 더불어 사회를 통치하기 위한 기준을 기록하고 전달하기 위해 말이 아닌 문자가 절실히 필요해졌을 것으로 봐요. 그렇게 발명된 인류 최초의 문자는 메소포타미아 지역에서 폭넓게 사용되다가 기원전후 아랍어와 그리스어가 보급되면서 서서히 사라집니다.

자랑스러운 문자의 발명, 훈민정음

문자의 발명을 이야기할 때 한국인이라면 절대 빼놓을 수 없는 것이 있습니다. 우리는 전 세계 어디에서도 떳떳이 내세울 수 있는 자랑스러운 역사를 가지고 있다는 사실을 기억해야 합니다. 바로 '훈민정음'이 있기 때문이죠. 영국의 역사 다큐멘터리 작가인 존 맨John Man은 한글을 "모든 언어가 꿈꾸는 최고의 알파벳"이라고 극찬하기도 했습니다. 훈민정음은 15세기 조선의 세종대왕이 창제한 새로운 문자이자, 그 창제 과정을 해설하고 의미를 설명한 책 『훈민정음 해례본』을 일컫기도 해요. 우리나라 국보 70호인 『훈민정음 해례본』은 세계 문화유산으로도 지정됐죠. 훈민정음은 조선 시대에 백성들이 쓰는 상스러운 문자라는 뜻으로 '언문諺文'이라고 불리다 근대에 이르러 지금의 한글로 불리게 되었습니다.

세종은 직접 쓴 『훈민정음 해례본』의 서문에서 "글 모르는 백성들을 딱히 여겨 새로 28자를 만든다"고 한글의 창제 이유를 밝혀 백성을 사랑하는 마음을 드러냈어요. 오늘날 우리가 쓰는 한글은 'ㄱ, ㄴ, ㄷ' 같은 초성 19자, 'ㅏ, ㅑ, ㅓ' 같은 중성 21자, 'ㄱ, ㄳ, ㄵ' 같은 종성(받침소리) 27자를 조합하여 1만 1172개의 글자를 만들어 낼 수 있는 효율적인 문자입니다. 『훈민정음 해례본』에서는 각 글자의 모양을 만든 이유에 대해서도 하나하나 설명하고 있습니다. 'ㄱ'은 발음할 때 혀뿌리가 목구멍을 닫는 모양을 본떴고, 'ㄴ'은 혀가 잇몸에 붙는 모양을 본떴다고 해요. 그 외 나머지 글자 역시 어떻게 만들어졌는지 창제 방식을 설명하고 있죠. 세상에! 이렇게 발명 원리를 설명해 놓은 문자가 또 있을까요?

한글의 또 다른 장점은 발음입니다. 처음 보는 영어 단어를 어떻게 소리 내는지 공부한 기억을 떠올려 보세요. 모든 알파벳의 소리를 알더라도 그것들이 모여 만든 단어를 제대로 발음하기 위해서는 꼭 발음기호를 봐야 합니다. 하지만 한글은 다르죠. 우리나라에

훈민정음의 창제 과정과 의미를 설명한 『훈민정음 해례본』.

서 '알'은 소리 나는 그대로 '알'이지만, 영어에서 'All'은 그 소리가 '올'인지 '알'인지 '얼'인지 발음기호 없이는 한 번에 알 수 없어요. 이렇게 훌륭한 우리 문자 한글을 당시 사람들은 어떻게 사용했을까요?

1485년 일부 상인이 종로 시장 재배치 정책에 반대하며 정책 결정 과정에서 이권을 챙긴 고관대작들의 이름을 고발했는데, 이때 익명 투서가 한글로 작성되었습니다. 또 임진왜란 당시인 1593년 선조는 왜적들에게 점령당한 지역에 있는 백성들의 도움을 이끌어 내기 위해 "너희가 왜놈에게 휘둘려 다닌 것은 본심이 아니며 죄를 묻지 않겠으니, 왜적을 잡아 오거나 동포를 데려오면 벼슬과

상을 내리겠다"는 한글 교서를 내리기도 했습니다. 실제로 김해성의 장수 권탁은 이 교서를 들고 가 낙동강 인근에서 왜적 수십 명을 죽이고 포로로 끌려갈 뻔한 백성 100여 명을 설득해 데려오기도 했죠.

훈민정음은 그간 정책 과정에서 소외됐던 백성들이 자신의 목소리를 낼 수 있도록 하는 역할을 한 거예요. 또 임금이 곧 국가이자 하늘이었던 중앙집권 국가에서 임금과 백성을 소통하게 한 '미디어'였던 셈입니다.

미디어 톡

문자도 없던 시절,
우리는 어떻게 이야기를 전했을까?

2021년 1월 13일, 세계적인 과학저널 <사이언스 어드밴스Science Advances>에 흥미로운 논문이 한 편 소개됐습니다. 2017년 인도네시아의 술라웨시섬에서 찾아낸 벽화 속 우라늄을 분석해 봤더니 최소 4만5500년 전 구석기 시대에 그려진 그림이라는 내용이었어요. 현재를 기준으로 세상에서 가장 오래된 벽화가 드러난 순간이었죠. 이 벽화에는 실물 크기로 추정되는 가로 136센티미터, 세로 54센티미터 크기의 야생 멧돼지를 포함해 멧돼지 총 3마리와 사람들의 손도장으로 보이는 문양이 찍혀 있었습니다.

이 벽화가 발견되기 전까지 가장 오래된 벽화는 4만 3900년 전 그림이었어요. 사람 6명이 큰 물소를 사냥하고 있는 4.5미터 크기의 벽화로, 이 역시 술라웨시섬에서 발견됐죠. 사실 술라웨시섬에는 200개가 넘는 석회암 동굴이 있는데, 이곳에서 4만 년 전후로 그려진 동굴 벽화가 꾸준히 발견되고 있습니다. 이전에는 스페인(알타미라동굴)이나 프랑스(라스코동굴, 쇼베동굴)에서 주로 발견되면서 인류 최초의 예술적 사고 발현은 유럽에서 시작됐을 것이란 의견이 다수였어요. 하지만 인도네시아의 동굴 벽화들은 인류가 언제 어디서부터 예술적이고 추상적인 사고를 시작했는지에 대한 새로운 물음을 던지고 있는 거예요.

대체 당시 인류는 이 그림을 통해 무엇을 이야기하려 했을까요? 학자들은

©Wikimedia Commons

여성의 신체를 과장되게 표현한 '빌렌도르프의 비너스'(좌)와 '홀레 펠스 비너스'(우).

다양한 추측을 내놓고 있습니다. 사냥에 성공하길 바라는 마음을 담았을 거라는 의견도 있고, 일종의 주술이나 종교의식과 관계가 깊었을 거라는 견해도 있어요. 또 자신의 영역을 표시하고 생활상을 전하기 위한 것이란 추측도 있습니다. 분명한 건 수렵과 채집을 통해 살아갔던 당시 인류에게 사냥의 성패는 곧 부족의 생존과 직결됐다는 점이에요. 이 때문에 동굴 벽화에는 늘 동물이 많이 등장하죠.

구석기 시대의 조각상도 많이 발견되는데, 오스트리아 다뉴브강에서 발견된 '빌렌도르프의 비너스'가 가장 유명합니다. 약 2만 5000년에서 2만 년 전에 만들어진 높이 11센티미터 크기의 이 조각품은 여성의 가슴과 엉덩이 등 신체를 과장되게 표현했습니다. 그런데 신기한 점은 구석기 시대에 만들어진 여러 비너스 조각품은 대체로 여성의 신체를 뚱뚱하거나 과장되게 만들었다는 거예요. 약 3만 8000년에서 3만 3000년 전 만든 것으로 추정되는 독일의 '홀레 펠스 비너스'나 약 2만 9000년에서 2만 5000년 전 만든 체코의 '돌니 베스토니체 비너스'도 가슴과 엉덩이 부분이 특히 지나치게 강조돼 있죠.

일부 학자는 풍만한 여성이 구석기 미인의 표준이었다고 주장하기도 합니다. 과연 그럴까요? 그 누구도 확신할 수 없습니다. 다만 당시 인류에게 부족을 잇기 위해서는 사냥만큼이나 출산이 중요했습니다. 하지만 현실은 수렵·채집 생활과 빙하기라는 녹록지 않은 환경에 놓여 있었죠. 그래서 과장되게 신체를 표현한 이 조각상이 다산과 순산을 기원하는 주술적 용도였다고 보는 학자가 더 많답니다.

물론 이전에도 인류는 말로 소통했을 거예요. 17만 년 전쯤 인류는 말할 수 있는 구강 구조가 만들어졌다고 합니다. 하지만 말은 시간과 공간을 뛰어넘지 못해요. 관광지에 방명록을 남기고, 친구와 함께 이름을 쓴 사랑의 자물쇠를 채우고, 해서는 안 되는 곳에 낙서를 남기기도 하는 지금 우리처럼 어쩌면 옛 인류도 말로 전하는 한계를 넘어 자신의 흔적과 마음이 길이 전해지길 원했던 건 아닐까요?

미국을 뒤흔든 외계인의 지구 침공

1938년 10월 30일 오후 8시 미국 CBS 라디오에서는 날씨 정보와 함께 오케스트라의 연주를 들려주는 음악 프로그램이 평화롭게 시작됐습니다. 그런데 몇 분 뒤, 갑자기 화성에서 가스 폭발이 일어났다는 뉴스 속보가 나옵니다. 이어진 인터뷰에서 한 천문학 교수는 화성 생명체의 가능성에 대해 "말도 안 된다"고 단호하게 말해요. 그리고 음악 프로그램으로 돌아오지만, 방송은 다시 미국 뉴저지주의 한 지역에 이상한 운석이 떨어졌다는 속보로 중단됩니다.

천문학 교수가 기자와 함께 직접 현장으로 갔습니다. 그런데 어라? 단호하던 교수의 분위기가 아까와 달라집니다. 떨어진 운석이 무엇인지 확신할 수 없지만 외계 금속으로 만들어진 것으로 보인다고 인정한 거죠. 그리고 또 잠시 뒤 현장에 있던 기자가 갑자기 이상한 소리를 합니다. 외계 금속으로 만들어진 원통형 물체에서 촉수를 가진 무시무시한 외계인이 나오고 있다는 거예요. 그리고 그 외계인들이 근처에 있는 사람들을 향해 열 광선을 쏘아 대며 공격하고 있다는 속보도 전합니다. 심지어 외계인들은 사람들을 죽이는 검은색 연기까지 내뿜었습니다.

동물원을 탈출한 맹수들

정규 방송을 끊고 생중계된 이 라디오 뉴스는 외계인 침공으로 인한 지구의 위기를 알린 희대의 속보였을까요? 이미 눈치챘겠지만 사실 이 방송은 미국 CBS 라디오에서 핼러윈 특집 드라마로 준비한 가상 방송이었습니다. 과학소설의 아버지라고 불리는 허버트 조지 웰스Herbert George Wells의 소설 『우주 전쟁』을 각색한 것이었어요. 그런데 너무나 실감나게 각색하는 바람에 온 미국이 발칵 뒤집어졌죠. 미리 신문 편성표에도 『우주 전쟁』이 방송될 거라고 알렸고, 방송을 하면서도 네 차례에 걸쳐 "여러분은 조지 웰스의 소설 『우주 전쟁』을 각색한 CBS 방송을 듣고 있습니다"라고 알렸어요. 하지만 이미 겁에 질린 청취자에겐 소용없었습니다. 당시 이 방송을 들은 수백만 명 중 100만 명 정도가 실제로 공포를 느낀 것으로 추정됐고, 일부는 탈출을 위해 집을 나서기도 했습니다.

어떤가요? '나라면 속지 않았을 텐데'라는 생각이 드나요? 그렇다면 어느 날 신문에 대문짝만하게 아래와 같은 기사가 실린다면 어떨까요?

호랑이와 늑대 등 맹수들이 동물원을 탈출해 수십여 명이 숨지거나 다치는 사건이 발생했다. 어제 오후 6시 사육사의 장난으로 흥분한 코뿔소가 자신의 우리는 물론 호랑이와 늑대, 표범 등 다른 맹수의 우리까지 부수면서 탈주극이 시작됐다. 흥분한 짐승들로 인해 지금까지 49명이 숨졌고, 200명이 다쳤다. 현재 군경이 이를 진압하기 위해 투입됐다. 서울시장은 긴급 공지를 통해 "시민은 동물들이 모두 잡힐 때까지 집에서 머물러야 한다"고 말했다.

이런 기사를 본다면 혹시나 하는 마음에 창문 밖을 내다보지 않을까요? 1874년 잘나가던 신문사였던 뉴욕 헤럴드는 동물원에서 맹수들이 탈출해 49명이 숨지고 200명이 다쳤다는 기사를 3면에 썼습니다. 당시 신문의 1면과 2면은 광고였기 때문에 3면은 사실상 1면이나 마찬가지였어요. 그날의 가장 주요 뉴스로 다뤄진 셈이죠. 무려 1만 단어가 넘는 길이로, 동물원 대탈주가 일어난 일요일 저녁부터 월요일 아침까지의 상황을 구체적으로 적었어요. 이 기사가 나간 뒤 일부 남성들은 동물들을 잡기 위해 무장하고 거리로 나갔고, 다른 언론사의 기자들도 취재를 위해 급히 파견됐습니다. 심지어 경찰까지 동원됐죠. 그런데 실은 그 기사는 가짜였습니다. 뉴욕 센트럴파크 동물원의 부실한 관리를 꼬집기 위해 꾸며 낸 기사였던 거예요. 마지막에 "위 이야기는 완전히 지어낸 이야기입니다"라고 밝혔지만 소용없었어요. 뉴욕 타임스에 의하면 일부 시민들은 지방검찰청까지 몰려가 뉴욕 헤럴드사를 벌할 수 있는지 물으며 분노를 표했다고 합니다.

여론을 뒤바꿔 놓은 미디어

라디오로 각색된 『우주 전쟁』이나 뉴욕 헤럴드의 가짜 기사 같은 일은 지금은 상상조차 못 할 극단적인 경우예요. 하지만 우리가 미디어로부터 영향을 받은 사례는 많습니다. 미디어의 영향이 역사를 바꾸기도 했죠. 1960년 미국 대통령 선거로 가 볼까요?

민주당에서는 존 F. 케네디John F. Kennedy가 "미국을 다시 움직이게 하겠다"는 '뉴 프런티어' 구호를 내세우고 출마했어요. 이에 맞서 공화당에서는 리처드 닉슨Richard Nixon이 '평화와 번영'을 앞세우며 입후보했습니다. 닉슨은 당시 인기가 높았던 드와이트 아이젠하워

Dwight Eisenhower 대통령을 도와 8년간 부통령을 지냈던 인물이었죠. 경험과 연륜 면에서 케네디는 도저히 닉슨을 따라잡을 수 없었어요. 하지만 케네디는 이를 반대로 이용했습니다.

하루는 백악관 기자가 아이젠하워 대통령에게 "닉슨이 부통령으로서 잘한 점을 말해 달라"는 질문을 했어요. 그런데 아뿔싸, 아이젠하워 대통령이 질문을 농담으로 받아치면서 "몇 주만 시간을 주면 한 가지 생각해 보겠다"고 답한 거예요. 케네디는 곧장 이 장면을 TV 광고로 활용하며 '경험은 없어도 일 잘하는 젊은 후보'로 자신을 높였습니다. 선거전 초인 1960년 1월 여론조사에서는 48퍼센트 대 43퍼센트의 지지율로 5퍼센트 앞서고 있던 닉슨은 이후 케네디와 엎치락뒤치락하며 결과를 예측할 수 없게 됐죠.

승부는 TV토론에서 갈렸습니다. 그해 9월 26일 첫 TV토론을 위해 케네디는 만반의 준비를 했습니다. 스튜디오 배경을 고려해 신중하게 의상을 골라 입었고, 긴 양말을 따로 준비해 앉아 있는 동안 살이 보이지 않도록 신경 썼어요. 케네디는 발언할 때 자신감이 넘쳤고, 닉슨이 이야기할 때에도 은근한 미소를 지으며 여유를 보였습니다. 이에 반해 닉슨은 외적 이미지는 전혀 신경 쓰지 않았고, 토론이 길어지자 한숨을 쉬며 힘들어하는 모습을 보였어요. 둘의 나이 차이는 네 살에 불과했지만 이 TV토론은 젊고 똑똑한 케네디와 노쇠한 닉슨이란 이미지를 국민의 뇌리에 단단히 박아 놓았죠. 엎치락뒤치락하던 여론조사는 결국 그해 10월 이후 꾸준히 케네디의 승리로 나왔고, 마침내 케네디는 미국의 제35대 대통령이 됐습니다. 미디어를 활용해 자신의 단점을 강점으로 부각시킨 결과였죠. 케네디 도서관에서 올린 당시 토론 영상을 유튜브에서 찾아볼 수 있는데, 친구들과 함께 보고 '나라면 누구에게 투표했을까' 생각해 보는 것도 흥미로울 것 같아요.

미디어는 실제로 위력적일까?

대량 생산과 공급이 가능해져 대중에게 동시다발적으로 메시지를 전달할 수 있는 미디어를 우리는 매스미디어Mass Media라고 합니다. 흔히 책이나 신문, 잡지 같은 인쇄 매체와 라디오, TV, 영화 같은 시청각 매체를 매스미디어로 분류하곤 해요. 그런데 같은 매스미디어라도 매체에 따라 영향력에 차이가 있어요. 책이나 신문보다는 라디오와 TV의 영향력이 더 크다고 할 수 있죠. 책은 문자를 읽을 줄 알아야 볼 수 있지만 TV와 라디오는 그저 보고 들으면 되기 때문에 더욱 즉각적이에요. 그래서 미디어 효과에 대한 질문은 라디오와 TV가 보급되기 시작한 20세기부터 본격화됐습니다.

20세기 사람들에게 미디어는 어떻게 보면 굉장히 무서운 존재였

©Wikimedia Commons

©shutterstock

매스미디어로 분류되는 대표적인 인쇄 매체와 영상 매체.

어요. 이탈리아, 독일, 일본 같은 전체주의 국가의 정권은 미디어를 내세워 대중을 선동했고, 1914년과 1939년 발발한 두 차례의 세계 대전에서도 미디어를 통한 선전전宣傳戰이 난무했습니다. 20세기 초 인기를 끌기 시작한 영화에서는 온갖 폭력적인 묘사가 등장했죠. 이 때문에 초창기 학자들은 미디어를 '마법의 총알' 내지는 '주사기'에 비유하기도 했어요. 총을 쏘면 총알이 그대로 과녁에 꽂히고, 주사를 놓으면 내용물이 그대로 우리 몸에 주입되듯 우리가 매스미디어에 노출되면 그 메시지를 그대로 받아들일 거라고 본 거죠.

물론 미디어의 효과가 제한적이라고 주장한 이들도 있었습니다. 우리가 미디어로부터 필요한 정보만 취사선택하기 때문에 원래 갖고 있던 생각을 강화할 수는 있어도 생각을 바꿀 만큼의 큰 영향은 주지 않는다는 거예요.

미디어가 우리에게 미치는 영향은 어떤 미디어가 어떤 방식으로 메시지를 전달하느냐에 따라서, 또 그걸 받아들이는 우리 상태에 따라서 다를 수밖에 없어요. 예를 들어, 아까 소개한 『우주 전쟁』 라디오 사건만 해도 그렇습니다. 언뜻 '황당한 가상 방송에 왜 이렇게 많이 속았지?' 하는 생각이 들기도 하지만, 당시의 불안정한 국제 정세를 고려하면 조금은 이해가 됩니다. 1938년은 독일의 아돌프 히틀러Adolf Hitler가 매일 호전적인 발언을 쏟아 내던 때예요. 이에 프랑스와 영국 등 유럽 열강들은 전쟁만은 피하려고 독일의 각종 요구를 최대한 들어주며 하루하루 살얼음판을 걷던 중이었죠. 실제로 라디오에서 나오는 『우주 전쟁』을 들은 청취자 중 일부는 독일의 침공이나 자연재해 발생에 대한 뉴스로 잘못 받아들이기도 했어요.

흥미로운 점은 미디어의 영향에 대해 다양한 의견이 쏟아질 때에도 '미디어는 전혀 효과가 없다'라고 말한 사람이 단 한 명도 없다는 사실입니다. 미디어의 효과에 대해 인색했던 학자들도 '제한적'이라고 했을 뿐 효과가 '없다'고 이야기하진 않았어요. 거의 모든 학자가 미디어는 크든 작든 우리에게 영향을 미친다는 사실에 동의했습니다. 요즘은 어떨까요? 그리고 우리는 어떤가요? 미디어와 함께하는 시간이 점점 더 많아지는 요즘, 오늘 하루만큼은 우리가 미디어로부터 얼마나 많은 영향을 받고 있는지 돌아보는 건 어떨까 생각해 봅니다.

미디어 톡

라디오와 TV는 정말 바보상자일까?

혹시 '바보상자'라는 말을 들어봤나요? 바로 TV를 가리키는 말입니다. TV를 보고 있으면 아무런 생각도 하지 않게 된다고 해서 붙여진 불명예스러운 별명이죠.

TV가 발명되기 이전에는 라디오가 TV의 역할을 대신했어요. 인류의 첫 라디오 방송은 1906년 크리스마스를 맞아 이뤄졌습니다. 그 전까지 사람의 목소리를 무선으로 전달하는 기술은 인류 최고의 발명가인 토머스 에디슨Thomas Edison조차도 "인류가 달에 가는 것만큼 쉽지 않다"고 했을 만큼 어려운 과제였죠. 하지만 1896년 이탈리아의 물리학자 굴리엘모 마르코니Guglielmo Marconi가 라디오의 원천 기술이라고 할 수 있는 무선전신(문자나 신호를 전기신호로 보내는 통신)을 주고받는 기술 특허를 세계 최초로 받았어요.

1912년 타이태닉호가 빙하에 충돌했을 때, 생존자들이 살아남는 데 큰 역할을 한 게 바로 무선전신 기술입니다. 타이태닉호가 보낸 SOS 신호를 받은 구조 선박이 재빨리 현장에 갈 수 있었던 거죠. 하지만 무선전신 기술 개발 초기만 해도 모스부호를 주고받았을 뿐 목소리를 담지는 못했어요. 이후 1910년대까지 여러 학자가 음성을 전기 신호로 변환해 전파로 전달하는 기술 개발에 나섰죠. 그렇게 수많은 연구가 쌓여 마침내 캐나다의 물리학자 레지널드 페센든Reginald Fessenden이 첫 방송에 성공했습니다.

1906년 12월 24일 크리스마스이브를 맞아 미국 매사추세츠주 브랜트 록에 설치한 기지국에서 대서양과 카리브해를 운항 중이던 선박 승무원들에게 '크리스마스이브 공연'을 방송했습니다. 그동안 무선통신을 통해 모스부호만을 전달받았던 사람들은 사람의 음성과 음악을 전해 듣고는 깜짝 놀랐어요. 이렇게 시작된 라디오 방송은 제1차 세계대전 이후 1920년대부터 미국을 중심으로 본격적으로 보급되며 전성기를 맞았습니다. 라디오는 1900년대 중반까지 명실상부한 매스미디어의 중심축 역할을 했습니다.

라디오의 자리를 이어받은 텔레비전(TV)은 '멀리'를 뜻하는 그리스어 'Tele'와 '보다'를 뜻하는 라틴어 'Vision'이 합쳐진 말이에요. 1929년 영국의 BBC가 세계 최초로 시험 방송을 시작하면서 TV 방송의 시대를 열었습니다. TV 방송은 제2차 세계대전이 발발하면서 주춤했다가 1950년대 들어 본격화됐어요. 초창기 TV는 흑백으로만 이미지를 볼 수 있었으나 컬러 TV가 개발되

©Wikimedia Commons

무선통신 시대를 연 굴리엘모 마르코니.

면서 1950년 미국 지상파 방송사인 CBS를 시작으로 컬러 TV 방송이 시작됐습니다. 하지만 초기에는 컬러 TV의 비싼 가격, 어색한 색채 등을 이유로 인기가 많지 않았어요. 점차 색채도 개선되고 가격도 낮아지면서 보편화됐죠.

우리나라는 한국전쟁 이후인 1956년 5월 12일 첫 TV 방송이 시작됐어요. 아시아에서 4번째 TV 방송국이자 한국 첫 방송국이었던 코캐드TV가 방송했죠. 지금과 달리 가정집에 TV가 없었기 때문에 탑골공원이나 서울역 같은 주요 공공장소에는 저녁마다 TV를 보기 위해 모여든 인파로 북적였다고 합니다. 다만 이때도 시험 방송의 성격이 강했어요. 본격적인 TV 방송은 1961년 서울텔레비전방송국(KBS의 전신)이 설립되면서 시작됐습니다.

스토리를 바탕으로 화려한 영상이 눈앞에 펼쳐지는 TV를 보고 있으면 정말 시간이 어떻게 지나갔는지 모를 때가 있습니다. TV에서 흘러나오는 내용을 아무 생각 없이 그대로 받아들이면서 말이죠. 미국에서 TV가 주된 미디어 역할을 하던 1960년대 말에 한 실험이 있어요. 그 실험에 따르면 TV를 많이 볼수록 TV가 묘사한 왜곡된 세상을 진실로 받아들였다고 해요. 특히 TV를 오래 시청한 사람은 실제보다 세상을 더 폭력적이고 불안한 곳으로 받아들였습니다. TV를 '바보상자'라고 부르며 그 영향을 우려한 이유기도 합니다. 물론 특정 미디어가 지배적으로 자리 잡으면 그로 인한 중독을 우려하는 목소리가 나오는 건 자연스러운 일이에요. 2010년 이후 보편화된 스마트폰에 대해서도 중독 문제가 계속 거론되는 것과 마찬가지죠.

무엇보다 중요한 건 미디어에 휘둘리지 않으려는 노력입니다. 우리가 미디어를 어떻게 이용하느냐에 달린 거죠. 하루 이용 시간을 정하거나, TV 프로그램의 묘사나 내용의 왜곡에 대해 적극적으로 방송사 게시판에 의견을 남기는 것도 방법이 될 수 있어요. 자, 어떤가요? 여러분이 생각하기에 TV 혹은 스마트폰은 바보상자인가요? 우리는 똑똑한 이용자가 되기 위해 어떤 노력을 기울일 수 있을까요?

세상을 망친 미디어 vs 세상을 바꾼 미디어

미디어가 이야기를 전달하는 도구라면, 도구를 어떻게 활용할 것인지도 중요합니다. 똑같은 칼이라도 요리사가 쥐느냐 강도가 쥐느냐 혹은 군인이 쥐느냐에 따라 이후 벌어질 상황이 달라지는 것과 같아요. 특히 여러 사람을 대상으로 한 매스미디어의 활용은 세상을 망치기도 하고 때론 긍정적인 방향으로 바꾸기도 하죠.

나는 천국을 지옥이라 믿게 할 수도 있다!

역사 속에서 '전 세계적으로 악명이 높은 인물' 하면 누가 떠오르나요? 저는 독일의 히틀러가 떠오르네요. 1933년 독일 수상 자리에 오르며 집권한 그는 나치당 일당독재 체제를 확립하고, 독일을 다시 강하게 만들겠다며 목소리를 높입니다. 제1차 세계대전 패전과 1929년 경제 대공황으로 주눅 들어 있던 독일 국민은 히틀러의 강력한 메시지에 매료되었어요. 히틀러는 특히 '순수' 독일인의 인종적 우수성을 내세우는 한편 유대인을 핍박하죠. 유대인이 운영하는 상점에 페인트로 '유대인'이라고 쓰고 '독일인은 독일인 상점에서만 쇼핑한다'는 문구가 쓰인 포스터를 돌리기도 했어요. 독일인과 유대인의 결혼이나 혼외 관계 또한 금지시킵니다.

무엇보다 히틀러는 전쟁 준비에 열을 올리며 세계를 위협했어요. 독일은 제1차 세계대전에서 패한 후 31개 연합군과 베르사유 조약을 맺어요. 조약은 전쟁으로 인한 손해를 독일이 물어내게 하고, 특히 독일이 다시 전쟁을 일으키지 못하도록 군사력을 철저하게 제한했죠. 하지만 히틀러는 약속을 철저히 무시했습니다. 결국 1939년 8월 31일 폴란드 침공으로 제2차 세계대전을 일으켰어요. 이 과정에서 히틀러는 홀로코스트Holocaust라고 불리는 대학살로 유대인 600여만 명을 죽이는 만행을 저지릅니다. 결국 미국의 참전으로 독일이 패배하고 히틀러는 1945년 4월 스스로 목숨을 끊었죠. 하지만 이미 5000만 명 넘는 사람들이 전쟁으로 숨진 뒤였습니다.

나치와 히틀러는 그렇다 치더라도 평범한 국민마저 어떻게 히틀러를 따르고 동참하게 됐을까요? 어떤 현상이든 한 가지 이유로만 일어나는 경우는 드물어요. 공산당의 세력 확장을 막기 위해 나치를 이용하려고 했던 보수 세력, 독일인의 마음 깊은 곳에 있는 분노와 욕망을 건드렸던 히틀러의 메시지, 나치의 준군사 조직 '돌격대'의 무분별한 테러 등 권력에 의한 폭력……. 그중에서도 히틀러는 특히 미디어를 이용한 프로파간다Propaganda에 공을 들였습니다. 프로파간다는 특정 주장이나 이념을 대중에게 주입하기 위해 전방위적으로 이뤄지는 활동을 말해요. 히틀러는 일찍이 프로파간다의 파괴력을 깨달았습니다. 그는 자서전 『나의 투쟁Mein Kampf』(1927)에서 "나는 천국을 지옥이라고 믿게 할 수 있으며, 반대로 지옥과 같은 비참한 생활도 천국이라 믿게 할 수도 있다"고 말했습니다. 엄청난 자신감이죠?

© Wikimedia Commons

히틀러의 선전 모습이 그려진 엽서
(루드비히 홀바인[Ludwig Hohlwein], 1936).

히틀러 프로파간다의 돌격대장 역할은 나치 독일의 선전장관이었던 요제프 괴벨스Joseph Goebbels가 맡았어요. 1933년 35세 젊은 나이에 선전장관이 된 그는 첫 기자 회견에서 "국민은 일치단결해 사고하고 일치단결해 반응하며 정부에 적극 동조하고 복무해야 한다"고 핏대를 세웠습니다. 괴벨스에게 프로파간다는 섬세한 예술 행위와도 같았어요. 이를 위해 영화, 출판, 음악, 신문 등 다양한 방향으로 미디어를 적극 이용했죠. 언론사에게 뉴스를 공급하던 뉴스 통신사를 통폐합해 국가의 관리 감독 아래 두고, 언론인이 비판적인 신문을 만들지 못하도록 법을 만들었어요. 마음에 안 드는 기사를 썼을 때는 즉각 수용소로 보내거나 언론인 자격을 박탈했습니다. 비판적인 일부 신문은 아예 폐간시키기도 했어요.

나치 독일은 프로파간다를 위해 영화 제작에도 공을 들였습니다. 레니 리펜슈탈Leni Riefenstahl 감독의 〈의지의 승리〉(1935)가 대표적입니다. 1934년 뉘른베르크에서 열린 나치의 4일간의 전당 대회를 기록한 다큐멘터리영화로, 히틀러에 열광하는 열성적인 당원과 군중의 모습을 담았어요. 치밀한 계산하에 연출됐고, 나치도 전폭적으로 제작을 지원했죠. 영화의 첫 장면은 모여 있는 군중 위로 히틀러가 탄 비행기가 그림자를 드리우며 등장하는 모습으로 시작됩니다. 이는 인류를 구하기 위해 내려온 메시아Messiah 같은 느낌을 주기에 충분했어요. 그리고 영화 속에서 히틀러를 찍는 카메라는 대부분 아래에서 위를 향하는 구도인데, 자연스럽게 영화를 보는 우리도 히틀러를 우러러보게 되죠.

괴벨스가 가장 공을 들인 부분은 라디오였습니다. 그는 우선 분

산돼 있던 라디오 방송국에 대한 권한을 자기 아래로 가져오고, 말 안 듣는 책임자들을 내쫓는 등 일사분란하게 움직일 채비를 갖췄어요. 그렇지만 들을 수 없다면 아무리 소리쳐 봐야 소용없겠죠? 1920년대에 독일은 라디오 보급률이 높지 않았습니다. 하지만 라디오의 잠재력을 알아본 괴벨스가 히틀러 집권 후 라디오 생산을 급격하게 늘렸어요. 이렇게 생산한 라디오를 '국민 수신기(민족 수신기)'라는 이름으로 값싸게 팔았습니다. 1933년에 150만 대를 생산한 것을 포함해 7년간 700만 대를 보급했다고 해요. 이 국민 수신기를 사람들은 '괴벨스의 입'이라고 불렀죠. 괴벨스는 이 '입'을 통해 나치의 이념을 전파했고 국민을 단결시켰어요.

영화 〈의지의 승리〉의 한 장면.

전쟁을 시작한 뒤에는 라디오를 통해 패배 사실은 숨기고 승리는 크게 부풀리는 방식으로 사람들을 선동했습니다. 또 독일 작곡가 빌헬름 리하르트 바그너Wilhelm Richard Wagner의 웅장한 음악으로 민족적 자긍심을 부추기는가 하면, 재즈풍의 유행가와 오락 음악을 활용해 오랜 전쟁으로 인한 암울한 분위기를 상쇄시키고자 했죠.

1930년대 방송에서 60~70퍼센트 수준이었던 음악의 비중은 제2차 세계대전이 한창이던 1943년에 90퍼센트까지 늘었다고 해요.

하지만 전방위적 프로파간다도 전쟁의 흐름까지는 바꾸지 못했습니다. 1945년 5월 수도 베를린이 함락됐고 독일은 항복을 선언합니다. 히틀러와 괴벨스는 독일 국민의 눈과 귀를 속였고, 그걸 바탕으로 하여 기어이 일으킨 전쟁은 수많은 희생자를 만들었어요. 공포스러운 국가 폭력과 만난 프로파간다는 이처럼 인류사에 사라지지 않을 상흔을 만들고 말았습니다.

광풍, 매카시즘

제2차 세계대전이 끝난 뒤 세계는 초강대국 미국과 소련의 냉전 체제를 맞았습니다. 공산주의 세력의 확장을 막으려는 자본주의 국가 미국과 이에 맞선 공산주의 국가 소련이 팽팽한 신경전을 벌인 거예요. 그러던 와중에 미국에서는 '매카시즘McCarthyism' 광풍이 붑니다. 매카시즘은 미국 상원의원 조지프 매카시Joseph McCarthy로부터 시작된 공산주의자 색출 운동이었습니다. 1950년 2월 미국 상원의원이었던 매카시는 어느 날 종이 뭉치를 보이며 말합니다. "내 손에 공산당원 205명의 명단이 있습니다! 지금 이 시간에도 이들은 국무부에서 미국 정책을 만들고 있습니다!"

당시는 소련의 원자폭탄 실험과 중국의 공산주의 정권 수립으로 공산주의에 대한 반감이 극에 달했죠. 사람들에게 매카시의 폭로는 충격적이었어요. 폭로 직후 한국전쟁까지 터지면서 불안한 대중심리에 날개를 달아 준 격이 됐습니다. 언론은 매카시의 폭로를 그대로 보도했고, 대대적인 '공산주의자 사냥'이 시작됐어요.

방식은 간단했습니다. 매카시가 의심스러운 인물을 고발하면, 반국가적 활동을 조사하기 위해 구성돼 있던 위원회에서 그 인물을 소환해요. 그리고 입증할 수 없는 정황증거나 주장을 빌미로 공산주의자로 낙인찍어 버리면, 언론은 대서특필해서 그 인물을 사실상 추방시켜 버리죠. 이 같은 방식으로 수백 명의 피해자가 만들어졌어요. 행정, 노동, 교육, 문화, 과학 등 영역을 가리지 않았죠. 제2차 세계대전 후 대대적인 유럽 지원 계획 '마셜 플랜'을 이끌었던 미국 국방부 장관 조지 마셜George Marshall부터 국무장관 딘 애치슨Dean Acheson, 현대 물리학에 혁혁한 발전을 이룬 알베르트 아인슈타인Albert Einstein까지 공산주의자로 몰렸어요. 영화 〈모던 타임즈〉로 자본주의의 약점을 꼬집었던 무성 영화의 대부 찰리 채플린Charles Chaplin도 매카시즘에 몰려 활동 무대를 잃었습니다.

사실 매카시의 주장은 허무맹랑했어요. 국무부 안에 공산주의자가 200명이 넘는다고 했던 매카시는 이후 말을 바꿔 57명이라고 해요. 또 출처에 대해서도 '전해 들었다'거나 '우연히 알게 됐다'는 말로 얼버무리죠. 매카시의 주장이 허무맹랑하다는 조사 보고서가 나왔을 땐 "미국 간첩들에게는 하나의 청신호"라고 비난하며 위기감을 고조하는 등 끊임없이 자신의 주장을 반복했죠. 『나의 투쟁』에서 "가장 단순한 개념을 1000번은 되풀이해야 비로소 대중은 그 개념을 기억할 수 있다"고 한 히틀러의 주장이 생각나는 대목이에요. 매카시의 광기를 비판했던 언론 기사도 있었지만 1950년 초에는 검증할 새 없이 쏟아지는 공산주의자 폭로가 더 강력했습니다.

하지만 '적당히'를 몰랐던 매카시의 가벼운 입은 결국 한계에 부딪히고 말아요. 1953년 CBS 시사 프로그램 〈시 잇 나우See It Now〉는 매카시의 주장을 하나하나 추적해 사실이 아니라고 밝혔습니다. 이듬해에는 매카시가 같은 정당의 대통령 아이젠하워를 비판하고 매카시즘을 미 육군에게까지 들이대려 하자 '이건 너무한 것 아니냐'는 분위기가 조성됐죠. 결국 상원에서 매카시의 선동을 징계하는 공식적인 위원회가 구성됐고, 매카시는 불신임을 당합니다. 그렇게 매카시는 역사의 뒤안길로 지워졌지만 매카시즘의 기억은 소련과 중국에 대한 외교정책의 폭을 좁히고 20세기 극단적 냉전 체제를 지속시키는 데 영향을 주었습니다.

구텐베르크의 인쇄 혁명

오늘날 우리는 너무나 쉽게 책을 접할 수 있습니다. 책값도 옛날에 비하면 비교적 저렴하죠. 그렇지만 종이도 인쇄 기술도 없었던 옛날에는 책을 접하는 게 쉬운 일이 아니었습니다.

기원전 3000년경 문자를 사용하기 시작한 인류는 점토판이나 석판에 기록을 남겼어요. 그러다 차츰 필요성이 커지면서 기록을 위한 기술이 발달했죠. 고대 이집트와 유럽에서는 파피루스라는 식물을 이용해서 만든 얇은 포에 문자를 기록했습니다. 하지만 마른 식물이 잘 부서지듯 파피루스도 보관이 어려워 두루마리 형태로 돌돌 말아서 조심스럽게 보관해야만 했어요. 동물의 가죽으로 만든 양피지도 사용했는데, 파피루스에 비해 아주 튼튼했지만 문제가 있었습니다. 양 한 마리에서 쓸 만한 양피지가 고작 4장 정도밖에 안 나왔거든요. 그래서 제대로 된 책 한 권을 만들기 위해서는 양을 수십, 수백 마리 잡았다고 하니 책 가격도 만만치 않았겠죠?

이렇게 기록을 전달하기가 쉽지 않다면 어떤 문제가 생길까요? 바로 권력자와 재력가가 지식을 독점한다는 거예요. 무엇이든 그 내용을 알아야 반박하고 따질 텐데, 보기조차 쉽지 않으니 속수무책이었죠. 그래서 서양에서는 중세 시대까지 교회와 교황이 종교적 권력을 독차지하다시피 했어요. 교회와 교황은 성경을 통해 종교적 진리를 독점했고, 교리 해석에 대한 특권을 누렸습니다.

이러한 권위는 15세기 들어 차츰 깨지기 시작해요. 인류 최대의 발명품으로 일컬어지는 종이의 보급이 큰 역할을 했죠. 종이는 서기 105년 중국 후한의 채륜蔡倫이라는 사람이 개발했어요. 종이를 만드는 제지술이 유럽으로 넘어온 건 한참 뒤인 1300년대 말 이후예요. 식물의 섬유를 이용하는 종이는 원료를 어디서든 구할 수 있었고 가벼우면서도 비교적 보관이 용이해 기록 문화에 큰 변화를 가져왔습니다.

하지만 종이만으로는 부족했어요. 그걸 전하는 방식 또한 문제였죠. 옛날엔 똑같은 책을 만들려면 내용을 한자 한자 사람이 직접 옮겨 써야 했어요. 이 사람을 필경사筆耕士라고 했는데, 책 한 권 쓰는 데 대략 2개월이 걸렸다고 합니다. 양이 방대한 성경은 3년 정도가 걸렸고, 가격도 작은 농장 하나 가격과 맞먹었다고 해요.

© Wikimedia Commons

스트라스부르에 있는 구텐베르크 동상.

이러한 한계를 극복할 수 있었던 건 바로 구텐베르크의 인쇄술 덕분입니다. 독일 출신인 요하네스 구텐베르크Johannes Gutenberg는 1440년경 금속활자를 만들어 인쇄 기술의 혁신을 이뤘어요. 금화 만드는 일을 했던 아버지의 영향을 받았다고 해요. 그는 거푸집(주형)에서 만들어 낸 인쇄용 금속활자를 나무틀에 끼웠다 뺐다 할 수 있는 자유로운 이동식 인쇄술을 개발했습니다. 이전에도 인쇄술이 있긴 했지만 나무판에 직접 글자를 새기고 잉크로 찍어 내는 방식이었기 때문에 한 글자만 틀려도 판 전체를 새로 갈아야 했어요. 또 잉크를 묻혀 글자를 찍어 낼 때는 와인이나 올리브유를 만들기 위해 열매의 즙을 짜던 압착기의 원리를 이용해 더 선명하게 찍어 냈습니다. 1455년에 인쇄한 1282쪽 분량의 『구텐베르크 42행 성서(구텐베르크 성경)』는 유럽에서 가장 오래된 금속활자본으로 유명한데, 오늘날까지도 48부가 전해지고 있습니다.

구텐베르크 인쇄술의 영향은 가히 폭발적이었습니다. 책 한 권을 필사하는 데 2개월이 걸렸던 이전과 달리 일주일에 500권 분량의 책을 인쇄할 수 있게 됐거든요. 성경의 가격 역시 현격히 낮아졌죠. 그렇다 보니 자연스럽게 지식을 전달할 수 있는 양과 속도가 늘고 학문 교류도 활발해졌어요. 또한 14~16세기 서유럽을 중심으로 일어난 문예부흥 운동인 르네상스가 지속되고 확장될 수 있었던 토대가 됐습니다.

구텐베르크의 인쇄술은 16세기 일었던 종교개혁에도 영향을 줬어요. 1500년대 가톨릭은 돈을 모으기 위해 '죄를 없애 준다'는 면

유럽에서 가장 오래된 금속활자본 『구텐베르크 성경』.

벌부(면죄부) 발행을 노골적으로 늘렸어요. 보다 못한 독일의 성직자 마르틴 루터Martin Luther는 1517년 부패한 교황을 향해 95개 조 반박문 대자보를 써 붙였죠. 그런데 이 반박문이 빠르게 인쇄돼 2주 만에 독일 전역에 퍼졌습니다. 루터 본인도 예상하지 못한 일이었을 거예요. 그는 또 어려운 라틴어로 쓰인 성경을 독일어로 번역했는데, 이 성경이 대량 인쇄 보급되면서 평범한 국민도 성경을 읽고 해석할 수 있는 시대가 활짝 열립니다. 결국 루터로부터 촉발된 종교개혁은 구텐베르크 인쇄술과 함께 확산됐고, '저항하다'라는 의미의 프로테스탄트Protestant, 즉 개신교의 탄생으로 이어졌습니다.

민주주의를 이끌어 낸 신문 기사

여러분, 혹시 영화 〈1987〉(2017) 봤나요? 헌법을 짓밟고 쿠데타로 집권한 군인 세력이 우리나라를 이끌던 때의 이야기예요. 그리 오래되지 않은 우리나라 현대사 속 실화를 바탕으로 제작되었죠. 사회운동은 탄압됐고, 언론의 자유 또한 보도 지침이란 억압 아래 짓밟혔던 엄혹한 시대를 사실감 있게 그려 냈습니다.

지금은 상상도 못 하겠지만, 우리나라는 1987년까지 군사정권의 독재가 이어졌어요. 대규모 민주화 시위였던 6·10민주항쟁으로 그 기나긴 독재의 고리를 끊을 수 있었죠. 그 과정에서 도화선 역할을 했던 건 신문에 실린 기사 한 편이었습니다. 1987년 1월 14일 경찰에 잡혀간 서울대 학생 박종철 군이 남영동 대공분실에서 고문을 받다 숨지는 일이 일어났어요. 이 사건을 세상에 드러낸 건 당시 중앙일보 사회부 신성호 기자의 짧은 기사였습니다.

> 경찰에서 조사받던 대학생 쇼크사. 14일 연행돼 치안본부에서 조사를 받아 오던 공안 사건 관련 피의자 박종철 군이 이날 하오(오후) 경찰 조사를 받던 중 숨졌다. 경찰은 박 군의 사인을 쇼크사라고 검찰에 보고했다. 그러나 검찰은 박 군이 수사기관의 가혹 행위로 인해 숨졌을 가능성에 대해 수사 중이다. (중략)

신성호 기자는 박종철 군이 숨진 다음 날인 15일 오전 7시 30분부터 기삿거리를 찾기 위해 서울 서소문에 있던 대검찰청과 서울지방검찰청을 돌아다녔어요. 그때 "경찰 큰일 났어, 그렇지?"라고 말을 건네는 검찰 간부의 얘기를 듣게 됐죠. 그리고 취재 끝에 그날 오후 특종 보도를 할 수 있었습니다. 이 기사를 다른 언론사들이 이어받으면서 사건의 파장은 종잡을 수 없이 커졌어요. 경찰은 보도 다음 날인 16일 "박종철 군의 친구 소재를 묻던 중 책상을 '탁' 치니 갑자기 '억' 소리를 지르면서 쓰러져 병원으로 옮겼지만 숨졌다"는 말도 안 되는 발표를 합니다. 이 거짓말을 밝혀낸 건 동아일

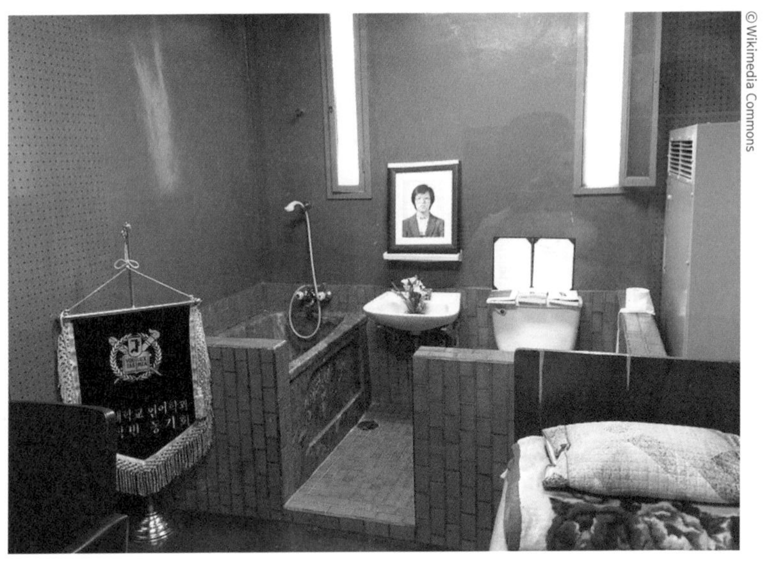
© Wikimedia Commons

남영동 대공분실에 위치한 박종철 기념실.

보였어요. 당시 사건 현장에 있었던 의사로부터 "사건 현장에 물이 흥건한 것을 목격했다"는 증언을 듣고 물고문에 의한 사망 가능성을 제기한 거죠. 결국 경찰은 다시 4일 만에 가혹 행위가 있었다고 인정했습니다. 하지만 또다시 피의자가 2명이라고 축소해서 발표합니다. 이 거짓말은 1987년 5월 18일 천주교 정의구현사제단에 의해 밝혀지면서 정권을 규탄하는 거리 시위로 이어졌어요.

거리 시위가 이어지던 중 또 다른 사건이 발생합니다. 6월 9일 연세대 학생 이한열 군이 시위 중 최루탄 파편에 뒤통수를 맞고 숨졌어요. 중앙일보는 이한열 군이 끈적한 피를 흘리며 동료에게 의지해 실려 가는 모습을 찍은 로이터 통신 사진을 사회면에 실었어요. 이 사진 한 장은 국민의 피 끓는 분노를 불러왔습니다. 산발적으로 이어지던 거리 시위는 전 국민적인 항거로 이어졌죠. 특히 6월 26일 열린 시위에는 전국 33개 도시, 4개 군읍에서 100만 명이 넘는 사람들이 참가했다고 해요. 결국 신군부 정권은 대통령을 국민이 직접 뽑는 직선제 개헌과 평화적 정부 이양을 약속한 6·29선언을 발표했어요. 드디어 국민이 열망하던 대한민국의 민주화가 활짝 열린 날이었습니다.

가장 오래된 금속활자본이 우리나라에 있다고?

1972년 프랑스의 국립도서관에서는 유네스코에서 지정한 세계 도서의 해를 맞아 '책'을 주제로 전시회가 열렸습니다. 바로 이 전시회에서 세상을 깜짝 놀라게 한 오래된 책 한 권이 공개됐죠. 이름하여 『직지』. 이 책에는 "1377년 7월 청주 외곽에 있는 흥덕사에서 금속활자로 간행됐다"라는 기록이 분명하게 남아 있었죠. 그동안 세계에서 가장 오래된 금속활자본으로 알려졌던 『구텐베르크 42행 성서』보다 무려 78년이나 앞선 것이었어요.

『직지』는 고려 시대 승려였던 백운 화상이 앞서 살다 간 이름 난 승려들과 부처의 말씀 중 중요한 부분을 추려 정리해 놓은 책입니다. 1372년부터 제작해 1377년 간행된 것으로, 원래 이름은 『백운화상초록불조직지심체요절白雲和尙抄錄佛祖直指心體要節』입니다. 이름이 너무 길기 때문에 줄여서 『직지』 혹은 『직지심체요절』이라고 지칭하기도 해요. 상·하권으로 나뉘어 있는데 현재 상권은 찾을 수가 없고, 하권만 프랑스 국립도서관 동양 문헌실에 보관돼 있습니다.

그것 참 이상하죠? 우리나라의 금속활자본이 왜 프랑스에 있을까요? 1886년 조선과 프랑스는 정식 수교를 맺었어요. 이때 한국에 파견된 프랑스 외교관 콜랭 드 플랑시Collin de Plancy는 문화재 수집이 취미였는데, 우리나라의 각종 고서와 문화재를 사들이며 수집했죠. 그중에 『직지』가 있었고, 이후 프랑스로 건너간 『직지』가 돌고 돌아 프랑스 국립도서관에 기증됐어요.

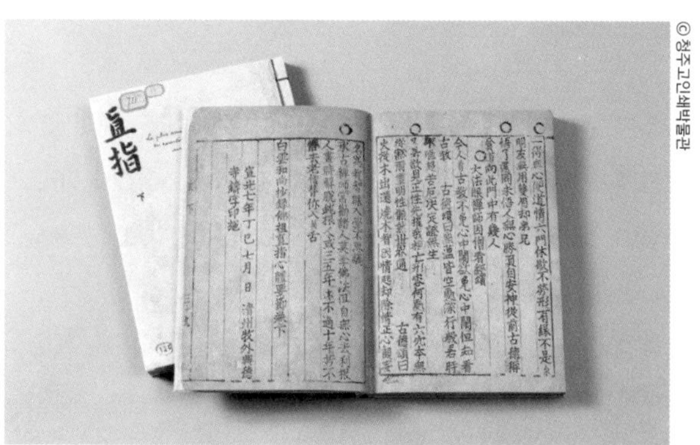

세계 최초의 금속활자본 『직지』 영인본.

사실 우리나라는 『직지』라는 책의 존재도 프랑스에 있다는 사실도 처음에는 몰랐어요. 1967년부터 프랑스 국립도서관에서 사서로 일하던 박병선 박사가 이를 찾아내고 알리면서 그 가치가 재발견됐죠. 『직지』는 그 가치를 인정받아 2001년 유네스코 세계기록유산으로 등재됐습니다.

이처럼 현존하는 가장 오래된 금속활자본을 가진 우리나라지만, 당시 금속활자 인쇄술은 구텐베르크 인쇄술에 비해 사회적 파급력이 크지 못했습니다. 엄격한 신분 사회의 한계가 작용했죠. 또 당시 인쇄술은 금속활자를 밀랍(양초의 주원료)이 깔린 활판에 붙여서 조판한 뒤 책을 찍어 냈는데, 몇 번 인쇄하다 보면 밀랍이 밀리면서 조판 자체가 틀어지는 문제가 있었어요. 무엇보다 한글이 만들어지기 전에 우리나라 사람들은 한자를 사용했잖아요. 한자는 문자를 이어 붙여 단어를 만드는 알파벳과 달리 글자 하나하나가 뜻을 가진 표의문자예요. 자유롭게 인쇄하려면 수만 자의 활자를 만들어야 했기 때문에 나무판에 직접 책 한 쪽 전체를 새겨 넣는 목판인쇄가 더 효율적이었습니다. 결국 우리의 금속활자 인쇄술은 책을 대량으로 찍어 내는 데 한계가 있었고, 사회·문화적 변화를 가져오는 데까지는 나아가지 못했답니다.

함께 더 생각해 봅시다

정치인과 권력자, 언론은 특정 사건을 어떻게 바라보아야 할까요? 이에 대해 우리에게 사고의 틀을 던져 주는 것을 프레임Frame이라고 해요. 예를 들어, 정부가 세금을 인상하려고 할 때면 꼭 누군가는 '세금 폭탄'이라고 하고, 다른 쪽에선 '세금 정상화'라고 맞서죠.

폭력적인 프로파간다는 오늘날까지도 이어지고 있어요. 정치적 의미의 프로파간다 말고도 오늘날 미디어는 홍보와 PRPublic Relation이라는 이름으로 우리가 특정 브랜드의 물건을 사도록 설득하고 있죠.

무분별한 프로파간다와 PR에 우리는 당할 수밖에 없을까요? 이것으로부터 우리를 지키는 방법은 무엇이 있을까요?

뉴미디어
넌 정체가 뭐니?

월드와이드웹(WWW)으로 하나된 세계

20세기는 그야말로 매스미디어의 시대였어요. 대중을 상대로 메시지를 동시에 전달할 수 있는 라디오, TV 같은 매체가 등장했고, 그 효과는 실로 대단했습니다.

이제 우리는 21세기를 살아가고 있습니다. 21세기는 뉴미디어 New Media의 시대라고 말할 수 있어요. 뉴미디어란 글자 그대로 새로운 미디어를 뜻합니다. 기존의 전통적인 미디어와는 다른 속성을 가진 미디어죠. 21세기 뉴미디어의 대표적 속성은 디지털 기술을 바탕으로 실시간 소통이 가능하다는 점입니다. 예를 들어 볼까요? TV는 지금 언제 어디서든 보고 싶은 콘텐츠를 볼 수 있는 OTT로 거듭났고, 라디오도 원하는 음성 콘텐츠를 그때그때 찾아 들을 수 있는 팟캐스트Pod Cast로 재탄생했습니다. 누구나 언제든 콘텐츠를 만들고 참여할 수 있어요. 기존과는 다른 형식으로 메시지를 주고 받고 있는 거죠.

과학혁명을 넘어 정보혁명으로

21세기 뉴미디어 시대를 가능하게 한 대표적인 기술은 무엇일까요? 대체 무엇이 달라졌기에 가만히 앉아서 미디어가 전하는 메시지를 받기만 했던 우리가 능동적 주체가 될 수 있었을까요? 딱 한 가지를 꼽으라면 단연 인터넷이라고 할 수 있을 거예요. 20세기 후반에 보급되기 시작해 21세기에 보편화된 인터넷은 상상할 수 없을 정도로 많은 것을 바꿔 놓았어요. 철도, 고속도로 같은 교통 인프라와 기차, 자동차 같은 교통수단의 발달로 우리가 물리적 거리의 한계를 뛰어넘을 수 있었던 것과 마찬가지입니다. 인터넷은 가상의 고속도로이자 철도라고 할 수 있어요. 서로를 잇는 길을 통해 우리의 메시지는 빛의 속도로 움직이고 있죠. 더군다나 스마트폰의 확산은 '24시간 접속 시대'를 활짝 열어 놓았습니다. 미래학자 제러미 리프킨Jeremy Rifkin은 21세기를 일러 아예 '접속의 시대'라고 규정하기도 했답니다.

"손가락 하나로 모든 정보를!" 1990년 마이크로소프트 창업자 빌

게이츠Bill Gates가 사람들에게 던진 메시지입니다. 컴퓨터와 인터넷이 가져올 정보화 시대를 일찌감치 예견한 거죠. 당시에는 이를 낯설게 받아들인 이들도 있었지만, 이보다 지금 시대를 잘 나타내는 표현도 없을 거예요.

기존의 미디어는 일방적이었습니다. 메시지를 전달받기 위해서는 우리가 정해진 시간에 TV나 라디오 앞으로 가서 기다리고 있어야 했죠. 먹이를 받아먹는 아기새처럼요. 물론 신문은 들고 다닐 수도 있고 뉴스를 내가 보고 싶을 때 볼 수도 있었지만, 그 역시 '종이' 안에 정보가 갇혀 있었어요. 석판과 점토판을 통해 이야기를 전달했던 고대에는 말할 것도 없겠죠?

그렇게 밀려오는 정보를 받기만 해야 했던 예전과 달리 지금 우리는 원하는 정보를 클릭 한 번, 검색 한 번으로 손쉽게 찾을 수 있습니다. 노트북, 태블릿PC, 스마트폰 같은 이동이 편리한 뉴미디어 기기의 등장은 미디어 소비 시간의 패턴 자체를 무의미하게 만들었죠. 프랑스의 경제학자 자크 아탈리Jacques Attali는 장소에 구애받지 않고 이동하며 이런저런 업무를 보는 우리를 가리켜 '디지털 노마드(디지털 유목민)Digital Nomad'라고 규정하기도 했어요. 실제로 우리는 학교, 회사 등을 오가는 시간에 스마트폰으로 게임을 하고, 음악을 듣고, 뉴스를 검색하는 일을 너무도 당연하게 하고 있죠.

스마트폰은 1993년 미국의 정보기기 업체 IBM이 'IBM 사이먼'

ⓒWikimedia Commons

1993년에 등장한 최초의 스마트폰 IBM 사이먼.

을 시장에 내놓으면서 세상에 처음 모습을 드러냈어요. IBM 사이먼은 휴대전화에 최초로 터치스크린 기술이 적용됐어요. 그리고 통화와 메시지 등 기존에 있던 기능 외에도 이메일과 팩스, 계산기 같은 간단한 기능까지 사용 가능했죠.

우리나라에서는 2009년 '아이폰 3GS'가 출시되면서 본격적으로 스마트폰 시대가 열렸습니다. 이를 두고 일부 언론은 바야흐로 '모바일 르네상스' 시대가 열렸다고 평가하기까지 했답니다. 도입된 지 고작 10여 년 만에 우리나라의 스마트폰 보급률은 2020년 기준 무려 93.1퍼센트(「2020 방송매체 이용행태 조사」, 방송통신위원회)에 이르렀어요.

코로나19 바이러스가 확산됐을 때 디지털 노마드인 우리에게 재택 근무 및 학습이 대안으로 등장한 건 어떻게 보면 자연스러운 결과예요. 이전에도 기술적으로 재택 근무 및 학습이 가능했지만 "집에서 무슨 공부냐"는 우려 때문에 접목하기 쉽지 않았죠. 하지만 코로나19 이후 화상 커뮤니케이션 플랫폼을 통해 웬만한 수업과 회의가 문제없이 이뤄졌고, 어색함이 사라지자 활용도는 점차 높아지고 있어요. 구글, 페이스북, 마이크로소프트 등 미국의 IT 업체들은 코로나19 종식 후에도 이를 적절히 활용하겠다고 밝히기도 했습니다. 국내에서도 2021년 6월 네이버 라인플러스가 완전 재택근무를 포함해 본인이 원하는 날에만 사무실로 출근할 수 있는 근무 형태를 시범적으로 제도화했습니다.

큰 그릇이 된 인터넷, 사라진 경계

뉴미디어 시대에는 디지털과 인터넷이 모든 콘텐츠와 형식을 흡수하며 경계 자체가 열어지고 있습니다. OTT를 예로 들어 볼까요? 우리가 요즘 많이 보는 넷플릭스, 티빙, 웨이브 등 동영상 스트리밍 서비스를 OTT라고 불러요. 'Over the Top'의 줄임말인데, 여기서 'Top'은 TV 방송 수신기인 셋톱 박스Settop Box를 얘기합니다. 그러니까 OTT는 셋톱 박스를 뛰어넘어 수신기 없이 인터넷으로 영상을 즐길 수 있는 서비스를 말합니다.

그런데 OTT는 방송 서비스일까요, 통신 서비스일까요? 정답은 '둘 다'입니다. 인터넷 통신을 중심으로 한 새로운 통신 플랫폼인 동시에 OTT를 구성하는 내용과 운영 주체가 기존 방송 사업자와도 무관하지 않기 때문이에요. 기존의 틀로는 방송이냐 통신이냐를 분류하기 쉽지 않죠. 방송을 관할하는 방송통신위원회와 통신을 관할하는 과학기술정보통신부가 OTT를 두고 서로 자기 소관이라고 다툼을 벌이는 것도 모두 이런 이유 때문입니다. 다른 미디어도 마찬가지예요. 라디오는 팟캐스트로, 만화는 웹툰으로, 소설은 웹소설로, 책은 전자책으로, 신문은 온라인 신문으로 형식의 융합을 이뤄 내고 경계를 파괴하죠. 효과음과 움직임이 삽입된 웹툰이나 영상이 가미된 온라인 신문, 보이는 라디오처럼 미디어에 담는 내용 또한 융합되고 있습니다.

어디 그뿐인가요? 경제·문화적 틀도 허물고 있죠. 은행은 인터넷뱅킹으로, 게임은 PC방과 모바일로, 각종 콘서트와 팬 미팅도 '랜선' 모임으로 대체되고 있습니다. 이전에는 안방과 극장에서 소비됐던 드라마와 영화의 경계 또한 보고 싶을 때 찾아 보는 주문형 비디오인 VOD Video on Demand 시청 형태가 익숙해지면서 모호해지고 있습니다. 옛날 같으면 극장을 거치지 않고 영화를 먼저 본다는 건 상상도 못 할 일이었어요. 하지만 2017년 글로벌 OTT 넷플릭스의 영화 〈옥자〉(2017)가 OTT와 극장 상영을 동시에 한 것을 기점으로 질서가 무너지기 시작했습니다.

자연스럽게 시청 습관도 바뀌고 있어요. 예전처럼 드라마를 한 회씩 기다리며 챙겨 보는 게 아니라, 전 회차 종료 후 '몰아보기 Binge-watching' 하는 거죠. 넷플릭스는 처음 콘텐츠를 공개할 때 아예 모든 편을 한 번에 올리는 경우가 많아요. 혹시 주위에 신문이 있다면 뒤편에 있는 문화면을 한번 펼쳐 보세요. 몇 년 전만 하더라도 신문에는 TV 프로그램 편성표가 꼭 들어가 있었어요. 하지만 이제는 찾아보기 힘들 거예요. 간단한 검색을 통해 손쉽게 알 수 있는 데다 시청 습관 자체가 달라졌기 때문이죠.

또 예전 우리나라 대학의 미디어 관련 학과 이름은 단순히 '신문학과'였어요. 그러나 방송으로 미디어 헤게모니(주도권)Hegemony가 넘어가자 '신문방송학과'로 바뀌었죠. 그리고 뉴미디어의 등장으로 주류 미디어에 대한 경계가 모호해지자 지금은 자연스럽게 '미디어커뮤니케이션학과'로 바뀌고 있습니다. 이처럼 미디어의 변화는 가까운 일상의 모습부터 바꾸어 놓고 있어요.

게임 체인저 인터넷의 등장

처음 인터넷은 군사적인 용도로 고안됐어요. 1969년 미국 국방부는 핵전쟁에서도 정보를 안전하게 주고받을 수 있는 정보 교류 시스템을 연구했습니다. 만약 중요한 정보를 서버 한 곳에 모아 둔다면 위기 상황에 어떻게 될까요? 아무리 튼튼한 요새라도 핵 같은 강력한 무기의 공격이라면 정보는 한순간에 증발하고 말 거예요. 그래서 고안해 낸 시스템이 현재 인터넷의 기반이라고 할 수 있는 알파넷ARPAnet : Advanced Research Projects Agency Network입니다. 일부 컴퓨터와 네트워크가 망가지더라도 나머지를 통해 정보를 온전히 지킬 수 있는 상호 접속 방식의 통신이었어요. 이후 인터넷의 용도는 민간 영역으로 확장됐고, 1980년대 이후 본격적으로 보급됐습니다. 1990년에는 인터넷의 여러 규칙을 동일한 표준으로 연결시켜 인터넷 대중화를 가져온 월드와이드웹World Wide Web이 등장했죠.

우리나라는 1982년부터 대학과 연구 기관을 중심으로 인터넷을 이용했어요. 그러다가 1994년 한국통신(KT의 전신)이 '코넷'이란 이름의 상용 인터넷 서비스를 출시하면서 대중에게도 그 세계가 활짝 열렸습니다. 글로벌 시장조사업체인 스태티스타Statista에 따르면 2022년 4월 기준 인터넷을 적극적으로 사용하는 사람이 전 세계 약 50억 3000만 명이라고 해요. 세계 인구의 63.1퍼센트에 달하죠. 인터넷 강국이라 불리는 우리나라는 인구의 98퍼센트가 인터넷을 이용하고 있어요. 덴마크와 아랍에미리트, 아일랜드(각 99퍼센트)에 이어 세계 4번째 수준입니다. 영국, 스위스, 사우디아라비아도 우리나라와 같은 수준(98퍼센트)으로 인터넷을 이용하고 있어요.

인터넷의 탄생·보급과 더불어 뉴미디어 시대를 태동시킨 또 하나의 기술이 있어요. 바로 디지털 기술입니다. 디지털은 문자와 그림, 음성과 영상 등 모든 정보를 0과 1로 구성된 이진수로 받아들입니

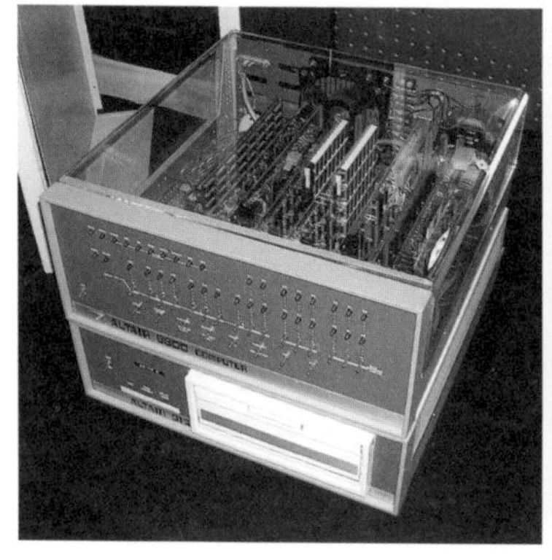

©Wikimedia Commons

초창기 개인용 컴퓨터 알테어 8800(좌)과 애플2(우).

다. 이러한 디지털 기술은 컴퓨터의 발달과 함께 보편화됐습니다.

컴퓨터는 '계산하다'라는 뜻의 라틴어 '컴퓨테어Computare'에서 이름을 땄어요. 혹시 제2차 세계대전에서 독일군의 암호를 풀기 위해 고군분투하는 수학자들을 그린 영화 〈이미테이션 게임〉(2014)을 알고 있나요? 이 영화 주인공의 실제 모델인 영국 수학자 앨런 튜링Alan Turing은 1936년에 발표한 논문에서 현대 컴퓨터 모델을 최초로 생각해 냈습니다. 이후 제2차 세계대전에서 미사일 탄도의 낙하지점을 계산하는 등 군사 목적으로 독일, 영국, 미국에서 컴퓨터 연구가 이뤄졌죠.

다만 그때 컴퓨터는 고도의 계산기에 가까웠어요. 지금 우리가 쓰는 개인용 컴퓨터PC : Personal Computer는 1975년 미국의 컴퓨터 기업 MITS가 개발한 알테어 8800, 1977년 애플이 개발한 애플2,

1981년 IBM의 IBM PC 등으로 보편화되기 시작했습니다. 그리고 자연스럽게 컴퓨터는 인터넷과 만나 미디어의 판도를 일순간에 바꾸어 놓습니다.

21세기 구텐베르크 인쇄술

우리는 인터넷을 가리켜 '정보의 바다'라고 부르곤 합니다. 이 또한 디지털 정보의 특징 때문인데요. 인터넷 속 디지털 정보는 네트워크를 넘나들며 전달·복제되는 과정에서 조금의 상처도 입지 않아요. 무한 복제가 가능한 거죠.

다른 한편으로 정보 전달 속도는 나날이 빨라지고 있어요. 우리나라의 첫 상용 인터넷인 코넷의 속도는 초당 9.6킬로바이트Kilobyte였는데 지금 인터넷의 평균 속도는 초당 100메가바이트Megabyte예요. 무려 1만 배가 빨라진 거죠. 1기가바이트Gigabyte짜리 영화 한 편을 내려받는 데 1994년에는 10일이 넘게 걸렸다면 지금은 1분 20초면 되는 거예요.

캘리포니아 대학교의 마틴 힐버트Martin Hilbert 교수가 과학 저널 〈사이언스〉에 발표한 논문에 따르면, 지구에 존재하는 정보 가운데 95퍼센트가 이미 디지털화되었다고 해요. 우리가 인터넷으로 접근할 수 있는 정보의 양은 어마어마하죠. 그야말로 정보의 바다인 셈입니다.

옛날얘기 잠깐 하자면, 2000년 초까지만 하더라도 밤이 되면 신문사에 적잖이 전화가 걸려 왔다고 해요. 그리고 대뜸 특정 사안에 대해 A가 맞는지 B가 맞는지 물어봤대요. 나중에 알고 보면, 지인과 함께 저녁을 먹다가 논쟁이 붙어 누구 말이 맞는지 신문사 당직 기자에게 물어보기 위해서였다고 합니다. 지금은 검색 한 번으로 금세 알 수 있지만 당시엔 쉽지 않았죠.

영국 철학자 프랜시스 베이컨Francis Bacon은 "아는 것이 곧 힘이다"라며 경험의 중요성을 외쳤습니다. 그런데 우리는 우리도 모르는 사이에 너무나도 일상적으로 유튜브와 포털을 통해 경험의 폭을 확장하고 있는 중입니다. 그렇기에 21세기 사회적 힘은 완전할 수는 없겠지만 지금도 고루 퍼져 나가고 있다고 볼 수 있어요. 어떤가요? 인터넷은 중세 시대 권력과 지식의 독점을 깨부순 구텐베르크 인쇄술의 21세기 버전이라고 할 수 있지 않을까요?

최초의 컴퓨터는 무엇일까?

최초의 전자식 컴퓨터는 1942년에 완성된 아타나소프-베리 컴퓨터Atanasoff-Berry Computer입니다. 1939년 미국 아이오와 주립대학의 교수 존 아타나소프John Atanasoff가 대학원생인 클리퍼드 베리Clifford Berry와 함께 시험 모델을 만들었어요. 이들의 이름을 붙인 컴퓨터는 짧게 ABC라고 부르기도 합니다. 300개가 넘는 진공관과 1.6킬로미터에 이르는 케이블이 사용돼 무게만 320킬로그램이 나갔습니다. 계산하는 프로세서와 저장하는 메모리가 분리된 현대식 메모리 구조를 갖추고, 이진법과 진공관을 활용해 산술 계산의 속도를 높였죠. 그런데 ABC는 당시에 사람들의 이목을 끌지 못했어요.

대신 최초의 컴퓨터로 사람들의 주목을 받았던 건 1946년 개발된 애니악ENIAC : Electronic Numerical Integrator And Computer이었습니다. 펜실베이니아대학의 교수 존 모클리John Mauchley와 프레스퍼 에커트Presper Eckert가 개발한 이 컴퓨터는 그 규모부터 실로 어마어마했어요. 1만 7000개 이상의 진공관이 사용됐고, 총 무게가 30톤에 이르렀죠. 방 하나를 가득 채우고도 남을 정도의 크기였어요. 하지만 설계가 불완전했던 ABC에 비해 성능이 뛰어나 군사, 기상, 수학 등 다양한 분야에서 적극 활용되기도 했습니다. 애니악은 1947년 전자식 컴퓨터로는 처음으로 디지털 컴퓨터 장치로 특허를 신청했는데, 이 특허는 오히려 ABC를 세상에 소개하는 결과를 불러옵니다.

아타나소프-베리 컴퓨터(ABC) 모형(좌)과 애니악 컴퓨터(우).

애니악의 특허권은 인수 합병 등 여러 과정을 거쳐 미국의 전자 장비업체 스페리랜드가 얻게 되었어요. 그리고 1960년대에 스페리랜드는 이 특허권을 행사하고자 컴퓨터 관련 사업을 했던 기업들을 대상으로 어마어마한 로열티(사용료)를 요구하기 시작했습니다. 갑작스러운 로열티 요구에 기업들이 꺼려하자 스페리랜드는 특허권 침해 소송을 제기합니다. 가만히 앉아서 당할 수 없었던 기업들도 스페리랜드를 대상으로 애니악의 특허를 취소시켜 달라며 소송을 제기했죠. 결국 1973년 소송을 통해 애니악의 특허권이 무효가 됐는데, 흥미로운 지점은 소송 과정에서 제출된 존 모클리의 편지였습니다. ABC를 개발한 아타나소프에게 보낸 이 편지에는 모클리가 ABC를 직접 본 뒤 떠올린 새 컴퓨터에 대한 의견이 담겨 있었습니다. 결국 이 편지를 통해 애니악이 ABC를 참고했다고 인정되면서 최초의 전자식 컴퓨터로 ABC가 재조명받게 된 거죠. 다만 ABC의 불완전성을 근거로, 애니악이나 더 나아가 1943년에 개발되어 1944년 독일군의 암호 에니그마Enigma를 푸는 데 사용된 컴퓨터 콜러서스Colossus를 최초의 전자식 컴퓨터라고 주장하는 의견도 있습니다.

힘 빠진 매스미디어, 개인이 미디어 되다

이제 TV와 라디오는 과거처럼 강력하지 않습니다. 주사 놓듯 우리에게 메시지를 그대로 주입하지도 못하고, 메시지가 총알처럼 우리에게 그대로 날아와 꽂히지도 않죠. 대중 속에서 인어공주처럼 목소리를 잃었던 개인이 상호 작용 가능한 인터넷 바다에서 다시 목소리를 되찾았기 때문입니다. 새로워진 환경에서는 우리가 노는 방식도 사회를 바꾸는 방식도 놀랍도록 새로워졌습니다.

달라진 스타의 성공 공식

과거 대중에게 이름을 알리는 스타가 되는 방법은 정해져 있었습니다. 유명 엔터테인먼트에 소속된 다음 TV 방송에 나가 스타성을 인정받아야만 했죠. 사실 스타성이란 것도 보통 TV 시청률이라는 하나의 잣대로 평가받았어요. 그런데 TV 시청률은 개인의 선호를 충분히 담아내지 못합니다. 보통 한 가구당 한 대의 TV를 보유하고 있었기 때문에 개인의 시청률이 아니라 가구의 시청률을 대변했던 셈이죠. 즉, 집에서 '리모콘 권력'을 가진 어른에 의해 스타가 만들어졌던 거예요.

하지만 지금은 스타가 되는 방법이 달라졌습니다. 인터넷 세상에서 끼와 재능을 인정받은 뒤 매스미디어에서 러브 콜Love Call을 받는 경우가 적지 않아요. 이들은 철저히 개인의 선호를 바탕으로 성장하고 주목받죠. 내가 마음에 들어야 '좋아요'도 누르고 '공유'도 하니까요. 1인 미디어 시대에는 우리가 스타를 키우는 데 더 깊이 관여하고 있는 거예요. 키즈 크리에이터Creator '헤이지니'의 경우, 유튜브에서 어린이들의 열렬한 팬심을 얻은 다음 tvN, KBS, MBC 등의 방송 프로그램에 출연했습니다. 예능 프로그램에 고정 출연하는 먹방 크리에이터 '입짧은햇님'도 마찬가지예요.

크게 주목받지 못했던 방송인도 온라인에서 각광받은 뒤 도로 방송에서 섭외하는 경우가 많아요. 개그맨 최준은 느끼한 남자 친구가 돼 여자 친구와 통화하는 '손발이 오그라드는' 콘셉트의 영상을 공유했고, '준며든다'라는 신조어를 만들어 낼 만큼 화제가 된

덕분에 챌린지 심볼(좌)과 아이스 버킷 챌린지를 하는 모습(우).

뒤 각종 예능 방송에 출연하게 됐습니다.

스타는 아니지만 온라인상의 인지도를 바탕으로 스타만큼의 영향력을 가진 이들도 많습니다. 대중과 사회에 미치는 영향력이 크다고 해서 말 그대로 인플루언서Influencer라고 부르죠. 코로나19로 누구보다 힘든 나날을 보내는 의료진을 위해 진행됐던 '덕분에 챌린지', 루게릭 환자를 위한 '아이스 버킷 챌린지' 등의 캠페인은 인플루언서들이 참여하면서 파급력이 커졌습니다. 인플루언서의 선한 영향력이 어떻게 사회를 변화시킬 수 있는지 보여 준 거예요.

맞춤형 콘텐츠를 드립니다

1인 미디어의 힘은 인터넷 세상에 다채로움을 더하기도 합니다. 제가 사는 곳에는 성북천이라는 조그마한 실개천이 흐르는데, 매스미디어가 큰 강이라면 1인 미디어는 이런 실개천이라고 할 수 있어요. 큰 강으로 나가 탁 트인 풍경을 보는 것도 좋지만, 동네 깊숙한 곳까지 흐르는 실개천과 그곳에서 살아가는 다양한 동식물을 가까이서 지켜보는 것도 참 매력적이에요. 가까이 다가가 물에 손도 한번 담가 보기도 하고요.

인터넷 세상을 들여다보면 길이, 형식, 소재 면에서 전에는 상상도 할 수 없었던 다양한 콘텐츠가 우리를 기다리고 있습니다. 실개천의 다양한 풍경처럼 말이죠. 각종 제품의 언박싱Unboxing 영상부터 일상을 담은 브이로그Vlog, 마음의 평화를 주는 ASMRAutonomous Sensory Meridian Response, 여행·스포츠·공예·패션·게임 등 다양한 취미 생활을 담은 영상까지 그 종류가 수없이 많아요. 우리는 그저 가장 재밌게 볼 수 있는 맞춤형 콘텐츠를 검색하면 되는 거죠. 아무리 찾아봐도 보고 싶은 콘텐츠가 없다고요? 그래도 괜찮습니다. 마음만 먹으면 직접 만들어 올릴 수 있으니까요. 이용자가 곧 생산자가 되는 '프로듀저Producer+User'가 되는 거죠.

헤이지니를 인터뷰한 적이 있어요. 헤이지니는 2015년부터 유튜브 크리에이터로 활동하며 인형이나 젤리, 슬라임 같은 장난감을 갖고 노는 영상을 주로 찍었어요. 그러다 2017년 몸담고 있던 회사에서 독립했는데, 단 1년 만에 당시 유튜브 구독자 수 80만 명, 동영상 총 조회 수 2억 7500만 회를 기록했죠. 2018년 미국 경제 전문매체 포브스에서 선정한 '아시아에서 영향력 있는 리더 30인' 중 한 명이기도 합니다. 뽀로로 다음가는 '아이들의 대통령'이죠.

헤이지니에게 어린이에게 사랑받는 비결을 물었어요. 그는 "절대 연기하지 않고 노는 것"이라고 답했습니다. 어릴 때부터 디즈니 만화와 피규어 장난감을 좋아했고, 실제로 자연스럽게 놀다 보니 어린이가 진심으로 좋아할 수 있는 콘텐츠를 지속적으로 찍어 올릴 수 있게 됐다는 설명이었어요. 좋아하는 것과 하는 일이 일치하는 것을 흔히 시쳇말로 '덕업일치'라고 하죠? 헤이지니가 딱 그런 경우였어요. 인터넷 세상에는 이처럼 덕업일치를 이룬 프로듀저가 한두 명이 아닙니다. 이들이 만드는 콘텐츠의 진정성과 깊이, 다채로움은 매력적일 수밖에 없겠죠?

스피커가 된 개인

과거에 정치권력과 자본권력의 잘못을 꾸짖고 감시하는 건 언론의 독점적 역할이었어요. 그런 언론을 향해 사람들은 권력을 감시하는 워치독Watch dog이라고 치켜세우기도 했죠. 하지만 그와는 정반대로 권력을 지키며 자신도 권력이 되는 가드독Guard dog이나 권력 옆에 붙어 꼬리를 흔들며 아부하는 랩독Lap dog 역할을 자처했던 경우도 적지 않았던 게 사실입니다. 그런 경우 역사는 한결같이 퇴보하고 시민들을 불행하게 만드는 결과를 가져왔죠.

그러나 이제 권력을 감시하고 경종을 울리는 건 더 이상 언론만의 역할이 아닙니다. 시민사회가 성장했고, 그 속의 개인 또한 능동적 구성원으로서 숨 쉬고 있죠. 블로그와 소셜미디어, 유튜브와 같이 실시간 소통이 가능한 뉴미디어는 너무도 당연했지만 간과됐던 개인의 가치를 일깨웠어요.

직접 영상이나 콘텐츠를 만들어서 블로그나 유튜브 등에 올리는 크리에이터를 1인 미디어라고 불러요. 하지만 굳이 영상을 만들어 올리지 않더라도 적극적으로 콘텐츠를 찾아보면서 댓글이나 좋아요 버튼을 통해 반응하고 쌍방향으로 소통하는 이용자 모두를 넓은 의미에서 1인 미디어라고 할 수 있습니다. 1인 미디어로 인해 '무엇을 말할까' 하는 언론의 의제 설정 기능은 상대적으로 약화됐어요. 반대로 우리의 목소리와 반응이 무엇을 말해야 할지 알려주는 역의제 설정이 이뤄지고 있는 거죠. 2000년 전후를 기점으로 조성되기 시작한 이러한 환경을 '웹 2.0' 시대라고 해요. 웹 2.0

시대에 미디어가 된 개인은 매스미디어의 침묵에, 혹은 매스미디어의 단발성 보도에 그치지 않고 이슈를 끌고 가며 세상을 바꾸는 데 일조하고 있습니다.

이를 보여 주는 상징적인 사례가 있어요. 2021년 6월 최고 권위를 자랑하는 언론상인 퓰리처상을 언론 직종과는 전혀 관련이 없는 10대 소녀가 받은 거예요. 기자라면 누구나 꿈꾸는 퓰리처상에 10대 소녀라니! 이 이야기의 시작은 2020년 5월로 거슬러 올라갑니다. 미국 미네소타주에서 조지 플로이드라는 흑인 남성이 백인 경찰관에게 체포되는 과정에서 숨지는 사건이 일어났어요. 경찰청은 플로이드가 물리적으로 저항했으며, 수갑을 채운 뒤 다른 의학

조지 플로이드 사건으로 일어난 시위.

적인 이유로 사망했다는 뉘앙스로 성명을 발표합니다. 어떠한 무기의 사용도 없었다고 하면서요.

하지만 이 설명이 거짓이라는 건 사람들이 찍은 동영상에 그대로 나타나 있었습니다. 백인 경찰은 "숨을 쉴 수 없다"는 플로이드의 외침에도 아랑곳하지 않고 엎드린 플로이드의 목을 무릎으로 눌렀죠. 동영상이 공개된 뒤 미국 전역에서 시위가 일었습니다. 결국 경찰은 살인죄로 기소돼 징역 22년 6월형을 선고받았어요. 그리고 당시 동영상을 찍고 소셜미디어에 올린 10대 소녀는 2021년 퓰리처상 특별 수상자 명단에 당당히 이름을 올립니다. 그 자체로 미디어가 된 개인의 힘은 결코 작지가 않은 거예요.

네트워크 파도 타고 더 강해진 우리

일자리가 없어 길거리에서 채소와 과일을 팔며 생계를 이어 가던 튀니지의 26세 청년이 있었습니다. 모하메드 부아지지는 생활고로 힘든 중에도 과일을 팔아 어머니와 삼촌, 어린 형제들의 생계를 책임지고 있었죠. 그런데 2010년 12월 경찰의 무리한 노점 단속으로 그의 삶이 무너집니다. 경찰은 채소와 과일은 물론 수레와 저울까지 빼앗고 뺨을 때리면서 부아지지를 모욕했어요. 부아지지는 주지사 사무실로 찾아가 항의하려 했지만 이마저도 무시당했습니다. 결국 "이제 어떻게 살아가야 하느냐"고 좌절하다 자신의 몸에 불을 붙이는 슬픈 선택을 합니다. 당시 튀니지는 쿠데타로 집권한 벤 알리Ben Ali 대통령이 23년간 장기 독재를 하고 있었습니다. 높은 실업률과 물가로 인해 국민들의 불만이 높았던 때였어요. 부아지지의 소식이 전해지자 시민들은 분노했고, 광범위한 민주화 시위로 확산됩니다.

그런데 부아지지의 소식을 전한 건 언론이 아니었습니다. 튀니지 언론은 정권에 우호적인 기사만 쓰도록 한 보도 지침을 무시할 수 없었어요. 부아지지의 외침을 전한 건 트위터와 페이스북이었습니다. 소셜미디어를 타고 부아지지의 이야기와 시위 소식이 실시간으로 퍼졌어요. 그간 참아 왔던 분노를 토해 내는 국민들의 시위가 정권 퇴진 운동으로까지 확산되자 알리 대통령은 결국 사우디아라비아로 달아났습니다. 튀니지에서 흔히 볼 수 있는 재스민 꽃에 빗대어 '재스민 혁명'이라고 불리는 이 사건은 이후 아랍·아프리카 지역의 민주화 운동인 '아랍의 봄'을 불러오는 계기가 되었습니다. 한 청년의 외침과 소셜미디어가 만들어 낸 기적이었죠.

여기 또 다른 장면이 있습니다. 2015년 9월 세 살배기 아기였던 알란 쿠르디와 그 가족들은 시리아의 내전을 피해 그리스로 가는 난민선에 올랐습니다. 하지만 지중해에서 배가 난파되고 말았습니니

쿠르디를 추모하며 그려진 벽화.

다. 이 사고로 아버지만 살아남은 채 어머니와 형, 쿠르디는 결국 모두 주검으로 발견됐어요. 해변에서 발견된 쿠르디의 사진을 터키 언론사가 찍어서 공개했는데, 그 모습이 너무나 참혹했습니다. 해변에 절반 정도 머리가 파묻힌 채 엎드려 있는 쿠르디의 모습에 세상은 분노를 넘어 무력감과 슬픔에 빠졌습니다.

하지만 소셜미디어의 개인들은 강했습니다. 누군가는 해변에 엎드려 있는 쿠르디의 모습에 천사의 날개를 그려 넣어 하늘에서라도 행복하기를 바라는 모두의 마음을 대신 빌어 주었습니다. 그렇게 누군가는 풍선을, 누군가는 모래놀이 장난감을, 누군가는 쿠르디를 힘껏 올려 주는 파도의 손을 그려 넣은 추모 이미지를 소셜미디어에 공유했어요. 애도뿐이 아니었습니다. 유럽의회가 열리는 회의장 한가운데 쿠르디의 사진을 합성해 난민 문제에 소극적이던 유럽의 나라들을 꼬집었죠. 쿠르디의 죽음에도 미지근한 반응을 보였던 유럽의회는 비난 여론이 거세지자 금세 난민 수용 인원을 대거 늘리기로 하고, 의무적으로 난민을 분산 수용한다는 원칙을 발표했습니다.

우리를 강하게 만드는 힘, 집단 지성

어쩌면 누군가는 이렇게 생각할지 몰라요. '그래, 우리가 만든 인터넷 세상이 다채로워진 건 인정. 그렇지만 전문적이지도 않은 우리가 서로 상호 작용한다고 해서 얼마나 깊이가 있겠어?' 하고 말이에요. 하지만 그렇지 않습니다. 미국의 곤충학자 윌리엄 모턴 휠러William Morton Wheeler는 1910년 흰개미를 관찰하며 처음으로 '집단 지성'이라는 개념을 제시했어요. 한 마리만 놓고 보면 미미한 존재일 뿐인 개미가 공동체를 이뤘을 때, 그들은 거뜬히 거대한 개미집을 쌓아 올릴 수 있죠. 1994년 프랑스의 미디어학자 피에르 레비Pierre Levy는 확장하는 웹 시대를 보며 사이버 공간에서 집단 지성이 무엇보다 강력한 힘을 발휘할 것이라고 예측했어요.

위키피디아는 뉴미디어 시대의 집단 지성을 보여 주는 가장 정확한 예라고 할 수 있습니다. 위키피디아는 2001년 1월 서비스를 시작한 인터넷 백과사전이에요. 누구나 참여해서 자신이 알고 있는 지식을 더할 수 있고, 기존의 잘못된 지식을 고칠 수도 있어요. 2022년 10월 기준 전 세계 300여 개 언어로 약 9980만 개 콘텐츠에 대한 지식을 담고 있습니다. 우리는 검색 한 번이면 그 지식을 찾아볼 수 있고요. 나온 지 20년이 넘었는데 아직까지도 새로운 지식이 더해질까 싶죠? 영어 위키피디아를 기준으로 보면, 2020년 9월부터 2022년 9월까지 매달 적게는 14만 3000여 개, 많게는 27만여 개의 새 항목이 만들어졌어요. 수정은 훨씬 더 활발히 이뤄지고 있습니다. 그야말로 살아 있는 백과사전이죠.

이렇게 많은 사람이 수시로 수정한다면 정확도가 떨어지지 않을까 걱정도 됩니다. 하지만 2005년 과학 저널 〈네이처〉에 발표된 연구에 따르면, 브리태니커 백과사전과 비교했을 때 정확도에 그리 큰 차이가 없었습니다. 브리태니커 백과사전은 1768년부터 발행되어 개정을 거듭하며 아직까지도 이어지고 있는 역사 깊은 사전이에요. 그 자체로 역사와 지성의 상징이죠. 이 백과사전과 위키피디아의 42개 항목을 추려서 비교해 봤더니, 위키피디아는 162건, 브리태니커는 123건의 오류가 발견되었다고 해요. 위키피디아의 오류가 더 많은 건 사실이었죠. 그런데 치명적인 오류를 기준으로 했을 때는 양쪽 모두 4개씩이었어요. 핵심 정확도에서는 큰 차이가 없었던 거예요.

미국의 시사 주간지 〈타임지〉는 매년 올해의 인물을 선정해 오고 있습니다. 타임지가 선정한 올해의 인물은 그 해에 전 세계적인 영향력을 미친 인물이죠. 그런데 우리도 모르는 사이에 우리는 타임지가 선정한 올해의 인물이 되었답니다. 2006년 올해의 인물로 '당신YOU'을 선정한 거예요. 실시간 소통이 가능한 인터넷 플랫폼 웹사이트에 참여해 집단 지성을 이루고, 사회 발전에 공헌한 수많은 이들이 '올해의 인물'이 된 거죠. 매스미디어의 힘은 상대적으로 약해졌고, 우리의 목소리는 더 강해졌습니다. 우리의 목소리가 의제를 만들고, 사소하게 치부됐던 개인의 끼와 재능이 우리 삶에 다채로움을 더해 주고 있어요. 그렇게 개인이 발견된 뉴미디어 시대의 주인공은 바로 우리란 사실을 잊지 마세요.

미디어 톡

유튜브는 어떻게 콘텐츠계를 평정했을까?

"네, 그러니까, 우리는 지금 어, 코끼리 앞에 있습니다. 얘들이 멋진 건 얘들은 정말, 정말, 정말 긴 코를 가졌고 그게 멋지다는 겁니다. 그리고 말할 게 그게 다네요."

2005년 4월 24일 캘리포니아 샌디에이고 동물원 앞에서 횡설수설 얘기하는 한 남성의 18초짜리 영상은 콘텐츠 소비 방식의 변혁을 알리는 신호탄이었습니다. 〈동물원에 있는 나 Me at the Zoo〉라는 제목의 이 영상 속 남성은 유튜브의 공동창업자 중 한 명인 자웨드 카림Jawed Karim입니다. 이 영상은 유튜브 최초의 영상으로 역사에 남았어요. 지금도 유튜브에서 검색하면 쉽게 찾아볼 수 있는데, 2021년 12월 기준 조회 수가 무려 2억 1000만 회가 넘습니다.

유튜브의 시작은 엉성한 18초짜리 동영상만큼이나 미미했지만, 어느덧 우리는 유튜브 없는 세상을 상상할 수 없어요. 유튜브는 그간 TV에서 볼 수 없었던 다양한 취향의 영상이 마음껏 소비될 수 있는 공간을 무제한으로 열어주었습니다. 여기에 더해 광고 수익을 나누는 방식으로 창작자, 크리에이터의 가치를 인정해 주면서 지속 가능한 모델을 구축했고, 전 세계 창작자들이 유튜브로 몰려들게 만들었죠.

유튜브의 성장은 가히 폭발적일 수밖에 없었어요. 유튜브의 2021년 월간 활성 사용자 수는 전 세계 23억 명이며, 이들이 매일 시청하는 유튜브 영상만 무려 10억 시간입니다. 하지만 유튜브의 성과는 비단 숫자로만 설명되지 않아요. 일방적으로 유통되던 콘텐츠의 향유 방식을 바꾸고, 대부분 콘텐츠 소비자에 불과했던 개인의 창의성을 자극해 다채로운 콘텐츠 생태계를 만들어 냈다는 데 더 큰 의미가 있다고 할 수 있습니다.

뉴미디어 스타는 이렇게 논다!

2018년 음악 방송 채널 Mnet에서 힙합 오디션 프로그램 〈쇼미더머니〉의 7번째 시즌이 막이 올랐던 때였습니다. 〈쇼미더머니〉 시리즈는 2012년 방송을 시작한 이래로 우리나라에 힙합 붐을 일으키며 침체했던 힙합 신Hiphop Scene을 뒤흔들어 놓았고, 매 시즌마다 최고의 1인을 가려내며 슈퍼스타를 배출했어요. 이번에도 우승자로서 또 한 명의 슈퍼스타가 나올 것이라고 모두가 당연하게 생각했습니다. 그런데 결과는 모두가 예상하던 것과는 달랐습니다. 우승자는 나왔지만, 대중을 사로잡은 건 그 최후의 1인이 아닌 랩을 못 해 일찌감치 탈락해 버린 래퍼였어요. 바로 마미손이었죠.

마미손은 등장부터 인상적이었어요. "얼굴을 가리면 이상한 자신감이 치솟는다"며 고무장갑 같은 분홍색 복면을 뒤집어쓴 채 사람들 앞에 나왔습니다. 사람들은 복면 속 인물이 래퍼 매드클라운이라는 걸 금방 알아차렸고 "너는 매드클라운이 아니냐"고 추궁했어요. 하지만 마미손은 "절대 아니다" "불쾌하다"며 시치미를 뚝 뗐죠. 사람들은 처음엔 마미손이 매드클라운이라는 증거를 탐정처럼 찾아 올렸어요. 그래도 시치미를 떼자 이번엔 반대로 "그래, 매드클라운 따위를 마미손과 비교하면 안 된다"며 마미손의 정체 숨기기 놀이에 기꺼이 동참했습니다.

웃긴 건 귀를 덮고 있는 복면 탓에 마미손이 연신 박자를 놓쳤고, 정작 랩을 못 했단 사실이었죠. 볼 것도 없이 탈락이었습니다. 그때 탈락자는 불이 뿜어져 나오는 바닥으로 떨어지게 돼 있었어요. 그렇게 마미손도 불구덩이 속으로 떨어져 대중의 기억에서 잊혔을까요?

전혀 아니었습니다. 자신이 탈락하는 내용의 방송이 나가자마자 마미손은 기다렸다는 듯이 유튜브에 〈소년점프〉라는 음악을 하나 공개했습니다. 노래에서 마미손은 자신을 떨어뜨린 심사위원의 이름을 한명 한명 열거하며 "악당들아 기다려라, 이 만화에서 주인공

마미손의 〈소년점프〉 앨범 재킷.

은 절대 죽지 않는다"며 복수를 다짐했어요. 그러곤 자신의 실패가 '추진력을 얻기 위한 계획'이었다고 정의를 내렸습니다.

사람들은 그 노래에서 통쾌함을 느꼈어요. 사실 〈쇼미더머니〉뿐만 아니라 우리가 살아가는 과정이 늘 평가를 받는 일종의 경연이잖아요. 알다시피 경연에서 항상 승리할 수는 없습니다. 누구나 한 번쯤 실패를 맛보고 슬픔을 삼키죠. 그런데 마미손은 그 실패 또한 계획이었다며 멋지게 반격을 가하니 너무나 통쾌했던 겁니다.

반응은 그야말로 폭발적이었어요. 영상 공개 한 달 만에 조회 수가 2000만 회를 넘겼고, 댓글도 8만 개를 넘겼어요. 2018년 하반기 대중문화계를 흔든 마미손 신드롬이었습니다.

'소년점프' 마미손을 만나다

그 신드롬에 흥미를 느끼고, 마미손을 인터뷰하기 위해 그를 만난 건 2018년 10월이었어요. 외신(BBC 코리아) 한 곳을 제외하고 인터뷰를 일절 하지 않았던 마미손을 이메일로 설득했습니다. "마미손에 열광하는 청년층이 아닌, 당신을 모르는 중장년층 기성세대에게도 마미손이 얘기하고자 하는 메시지를 이야기해 달라"고 했죠. 마미손은 이 제안이 갖는 의미가 무엇인지 너무 잘 알고 있었어요. 미디어는 그 성격에 따라 다른 감성을 갖고 있고, 이용자층도 각기 다릅니다. 마미손은 인터뷰에 응한 이유에 대해서 "인터넷에선 자기가 보고 싶은 뉴스만 보기 때문에 연령대 높은 분들에게 다가갈 수 없었다"며 "이번 인터뷰로 그들에게 다가가고 싶고 또 인쇄된 신문과 마미손의 만남이 웃길 것 같았다"고 말했어요.

그렇게 마미손을 만났어요. 당연히 분홍 복면을 쓰고 올 줄 알았는데, 웬걸. 슬리퍼를 신고 트레이닝복을 입은 매드클라운이 자전거를 타고 왔습니다. "마미손은 매드클라운이네요" 하고 대뜸 던진 이야기에 매드클라운은 "마미손은 절대 매드클라운이 아니다"라고 뻔뻔스럽게 대답했어요. 마미손의 정체는 사실 중요한 게 아니었습니다. 캐릭터 마미손은 일종의 상징이었고, 마미손의 정체를 두고 오갔던 대중의 상호 작용과 그것이 자아낸 사회적 신드롬 그 자체가 메시지였던 거예요. 다 알고 있는 진실을 찾아 가는 과정 자체가 놀이가 되었고, 그걸 즐겼다는 사실이 중요했던 거죠.

얼마 뒤 마미손의 기사가 신문에 인쇄돼 나갔습니다. 그런데 예상치 못한 일이 생겼어요. 분홍색 복면이 시그니처였던 마미손의 사진이 흑백으로 나갔던 거예요. 신문은 예산상 이유로 모든 면을 컬러로 인쇄할 수 없어요. 그날의 사정에 따라 특정 면만 컬러로 나가는데, 하필 마미손 인터뷰 기사가 실린 그 면이 흑백 지면이었던 겁니다. 제가 제대로 챙겼어야 했는데, 뜨끔했죠. 국내 언론 중에는 처음으로 마미손이 인터뷰에 응했던 건데, 그 야심찼던 인터뷰

© 마미손 인스타그램

소셜미디어에 흑백으로 실린 인터뷰 기사를 올린 마미손.

기사 속 마미손이 흑백이었으니 말입니다.

마미손은 그걸 보고 저한테 화를 내며 항의했을까요? 전혀 아니었어요. 별일 아닌 듯 마미손은 자신의 흑백 인터뷰 기사를 찍어 소셜미디어에 올렸습니다. 그러곤 이렇게 적었죠.

"중앙일보 구매 후 복면 색칠공부를 해보도록 하자."

뉴미디어 시대, 우리는 하나가 아니야

마미손은 이처럼 각 미디어가 가진 경계와 특성을 알고 이를 잘 활용한 뉴미디어 스타입니다. 올드미디어Old Media 혹은 레거시미디어Legacy Media로 불리는 TV 방송에 등장한 마미손은 해당 프로그램에서는 의도적이든 아니든 탈락했지만, 유튜브를 활용해 자신의 방식대로 우뚝 섰습니다. 나아가 소셜미디어에서도 팬들과 소통하며 자신의 브랜드를 구축했어요.

그간 〈쇼미더머니〉에 등장했던 래퍼들은 자신의 무대를 '쇼미더머니 무대'란 물리적 공간에 제한하고 그 위에서 스스로 증명하려고 애썼어요. 하지만 마미손은 달랐습니다. 기존 무대를 벗어나 유튜브와 소셜미디어 같은 뉴미디어를 넘나들며 대중에게 메시지를 던졌죠. 그리고 대중은 그 뉴미디어로 찾아와 한 달에 8만 건이 넘는 댓글을 남기며 호응했어요.

마미손이 벗어난 건 비단 TV라는 물리적 공간만이 아니었습니다. 매드클라운이라는 자신의 갇힌 정체성에서도 벗어났어요. 그는 "기존에 내가 할 수 있는 건 한계가 있어서 정체를 숨기기로 했다"고 말했습니다. 분홍색 복면 하나 뒤집어쓴 것일 뿐이니, 그것만으로는 매드클라운의 행동, 말투, 특유의 버릇을 가리기엔 사실상 불가능했습니다. 우리는 그래서 등장하는 순간부터 마미손이 매드클라운이라는 사실을 모두 알고 있었어요. 하지만 "나는 매드클라운이 절대 아니다"라고 하는 마미손의 태도가 사람들 사이에서 흥미를 불러일으켰고, "언제까지 속아 줘야 하느냐"던 반응은 마미손 정체 숨겨 주기 놀이로 발전하게 됐습니다.

사실 우리는 누구나 가면을 쓰고 살아가고 있습니다. 혼자 있을 때의 나와 학교에서의 내가 똑같지 않은 건 자연스러운 모습이죠. 이를 두고 우리는 페르소나Persona를 쓰고 있다고 표현하기도 합니다. 페르소나는 연극 무대의 가면을 뜻하는 라틴어인데, 심리학에서는 타인에게 비치는 외적 자아, 즉 사회적 가면을 지칭합니다. 영화계에서는 감독이 자신의 작품에 자주 등장시키는 배우를 뜻하기도 해요. 감독이 영화에서 발현되길 바라는 메시지를 위해 특정 배우를 내세운다는 면에서 외적 가면이라는 의미가 통하죠?

그런데 뉴미디어는 이 페르소나를 멀티 페르소나, 즉 여러 개의 자아라는 개념으로 확장시켰어요. 하나를 넘어 수 개, 혹은 수십 개의 사회적 가면을 쓰고도 전혀 불편함이 없어진 것입니다.

부캐 전성시대, 네 진짜 정체가 뭐니?

자신의 정체를 숨기고 등장한 마미손 이후 대중문화계에는 '부캐' 설정이 인기를 끌었어요. 이 또한 멀티 페르소나를 쉽게 이해하고 받아들인 1030세대의 호응이 있었기에 가능했습니다. 부캐는 '부캐릭터'의 준말이에요. 캐릭터를 키우는 온라인 게임에서 주로 공들여 키우는 계정의 캐릭터를 본캐(본캐릭터)라고 하는데, 이와 반대로 여러 가지 실험 내지는 재미를 위해 부가적으로 키우는 부계정의 캐릭터를 말합니다.

부캐 개념은 인터넷이 본격적으로 보급되면서 1990년대 말부터 출시된 온라인 롤플레잉Role-playing 게임을 통해 본격 등장했습니다. 롤플레잉 게임이란 가상 공간에 주어진 환경 속에서 몬스터를 무찌르거나 주어진 미션을 해결하며 자신의 캐릭터를 키우는 방식의 게임입니다. 인터넷이 널리 보급되면서 혼자 즐기는 것을 넘어 다른 접속자들과 함께 즐기는 게임이 되었죠. 다른 플레이어들과 의사소통하게 된 순간 게임 속 캐릭터에는 새로운 페르소나가 부여됐던 거예요.

소셜미디어는 멀티 페르소나에 대한 경험을 더 넓혀 주었습니다. 온라인을 통해 다른 사람과 소통할 수 있게 돕는 미디어를 소셜미디어라고 하죠. 지금 사람들이 가장 많이 사용하고 있는 소셜미디어는 인스타그램, 유튜브, 페이스북, 트위터 등이 대표적이에요. 사람들은 소셜미디어에서 사진, 영상, 문자를 통해 자신의 여러 정체성을 드러내고 다른 이들과 소통하고 있습니다.

소셜미디어, 일촌에서 팔로우로 가벼워지다

소셜미디어에서 친구를 맺는 방식을 보면 우리가 페르소나를 확장해 가는 흐름을 지켜볼 수 있어요. 2000년대 전후 등장한 한국형 소셜미디어는 대부분 실제 친한 친구나 가족이 온라인 친구가 되곤 했습니다. 온라인으로 넘어오긴 했지만 오프라인 인맥의 연속이었던 거예요.

혹시 '아이러브스쿨'이나 '다모임'에 대해 들어 봤나요? 아마 지금 청소년들은 잘 모를 거예요. 소식이 궁금했던 학교 친구를 찾아 주면서 2000년대 초중반 사람들을 열광시켰던 소셜미디어입니다. 최근 여러 예능 프로그램에서 다시 조명받고 있는 '싸이월드'도 마찬가지였습니다. 싸이월드는 가입자에게 '미니홈피'라는 작은 블로그를 제공했는데, 여기에 글이나 사진을 올리며 스스로를 표현했어요. 일종의 일기장이었던 셈이죠. 그런데 싸이월드에서는 '일촌 맺기'를 신청하고 허락을 받아야 친구에게만 공개한 비밀글을 포함한 대부분의 게시물을 볼 수 있었습니다. 일촌은 직계 가족 중에서도 부모와 자녀 사이의 관계를 뜻하는 촌수잖아요. 싸이월드의 일촌은 그 정도로 심리적 친근함이 있어야 비로소 맺을 수 있었죠.

하지만 지금 소셜미디어 속 관계는 이전보다 가벼워졌습니다. 굳이 친구를 맺지 않아도 그 사람을 '팔로우'하면 그의 글이나 사진을 들여다볼 수 있어요. 취미나 취향, 관심사에 따라 한 번도 본 적 없는 사람과도 관계를 맺을 수 있는 거예요. 자연히 현실 속 자아와는 거리를 둘 수 있게 되었죠. 물론 실제로 친한 친구와 교류할 수도 있어요. 또 팔로우와 별개로 친구 신청도 할 수 있어요. 게다가 글 하나를 올리더라도 구체적으로 누구에게까지 이 게시글을 공개할지 설정할 수 있어서 원하기만 하면 여러 목소리의 '나'를 만들 수도 있습니다.

또 하나 흥미로운 점은 각 소셜미디어의 특성에 따라서도 우리는 스스로를 달리 표현하며 즐긴다는 사실입니다. 페이스북은 자신이 얼마나 똑똑한지 표현하고, 인스타그램은 자신이 얼마나 잘나가는지 꾸미고, 카카오스토리는 자기 자녀가 얼마나 귀여운지를 자랑하기 위해 한다는 이야기가 있습니다. 우스갯소리지만, 요즘 사람들의 소셜미디어 이용 모습을 그대로 보여 주는 말이기도 하죠. 긴 글을 쓰기에 편한 페이스북, 이미지 중심인 인스타그램, 기존 연락처를 바탕으로 한 관계 중심인 카카오스토리의 특성을 우리는 그저 즐기는 사이에 파악해 활용하고 있는 거예요. 글로벌 시장조사 기관인 글로벌웹인덱스Global Web Index의 2019년 보고서에 따르면, 인터넷 이용자의 98퍼센트가 소셜미디어를 사용한다고 합니다. 게다가 한 사람이 보유하고 있는 소셜미디어 계정 수는 평균 8.1개로 조사되었어요.

우리는 자연스럽게 부캐 자아에 익숙할 수밖에 없습니다. 우리나라 대중문화계에도 2019년부터 부캐가 굵직한 트렌드로 자리 잡았어요. MBC 예능 프로그램 〈놀면 뭐하니?〉에서 트로트 가수로 데뷔한 유산슬(유재석), 솔직한 입담으로 무장한 중년 가수 다비이모(김신영), 포토샵을 거친 듯 과도하게 큰 눈과 하얀 얼굴빛으로 대중을 사로잡은 아이돌 매드몬스터(개그맨 이창호·곽범)……. 수없이 많은 부캐 설정의 인기 스타들이 등장하고 있고, 우리는 이들의 본캐릭터를 기꺼이 숨겨 주며 응원하고 있습니다. 어쩌면 우리도 그렇게 누군가에게 멋지거나 재밌는 사람으로 비쳐지길 바라면서 말이죠.

저널리즘,
소리 없는 전쟁이 시작됐다

디지털과 인터넷 기술의 발달로 다채로워진 세상에서 눈물을 삼키는 곳이 있었으니, 기사를 통해 사회에 화두를 던지고 크고 작은 변화를 이끌어 온 언론이었어요. 실시간으로 유통되는 정보들의 향연이 펼쳐지고, 자칭 타칭 내로라하는 전문가들이 소셜미디어와 유튜브 같은 1인 미디어 플랫폼을 통해 직접 목소리를 내기 시작하면서 기존의 저널리즘은 위축됐습니다. 의제 설정에 대한 영향력 또한 더 쪼그라들 수밖에 없었죠. 굳이 신문을 읽거나 방송 뉴스를 보지 않더라도 친절하고 재밌게 이슈를 짚어 주는 콘텐츠가 많은 게 현실이니까요. 사람들의 시간을 쟁취하기 위한 미디어 간 경쟁이 치열해지면서 자연스럽게 나타난 현상이기도 했죠.

반토막 난 종이 신문

종이 신문은 특히 위기감을 정면으로 마주해야 했습니다. 암흑기의 도래였죠. 세계적으로 신문 발행 부수가 떨어지는 현상을 보면 언론이 느꼈을 위기감이 단순한 우려를 넘어 실존하는 공포라는 점을 알 수 있어요. 월드와이드웹이 이제 막 개발됐던 1990년, 미국의 유료 일간지 발행 부수는 6232만 부였습니다(스태티스타, 2021). 인터넷 대중화 초창기였던 2000년까지도 5577만 부로 종이 신문이 매스미디어로서의 아성을 지키고 있었죠. 하지만 2008년 처음으로 4000만 부 대를 기록하더니 이후 급격히 떨어져 2020년에는 2429만 부까지 줄었어요. 이는 비단 미국에서만 일어나는 일은 아니에요. 일본에서도 비슷한 현상을 볼 수 있습니다. 일본신문협회에 따르면, 2000년 5370만 부였던 종이 신문 발행 부수는 2010년에 처음 4000만 부 대를 기록했고, 2020년에는 3509만 부까지 줄었어요. 미국보다는 하락세가 약하지만 추세는 분명했죠.

우리나라는 상황이 더욱 심각했습니다. 1999년 본격적으로 서비스를 시작한 네이버와 다음 등 포털 서비스는 온라인 공간에 사람들을 불러오기 위해 미끼 상품으로 뉴스 콘텐츠를 적극 이용했어요. 당시에는 포털의 영향력이 지금처럼 크지 않았던 때였고, 국내 언론은 아무런 위기감 없이 독자 및 시청자와의 접점을 늘리고

쇼윈도에 전시된 신문을 읽듯 인터넷에 게시된 뉴스를 볼 수 있는 온라인 뉴스.

온라인상의 영향력을 높이기 위해 뉴스 콘텐츠를 포털에 헐값에 제공하기 시작했습니다. 하지만 이것이 국내 언론 환경을 더욱 열악하게 만드는 결과를 가져왔죠. 포털을 통해 무료로 뉴스를 접하는 게 사람들에게 당연해진 거예요. 이와 함께 세계적인 인터넷 보급률은 올드미디어가 설 자리를 더욱 좁게 만들었어요.

한국언론진흥재단에서는 1993년부터 한국인들이 어떻게 뉴스를 접하고 있는지 조사하고 있는데, 심지어 재단에서도 종이 신문을 "조사 시작 이래 가장 급격하게 쇠락한 매체"라고 말할 정도예요(『2020 언론수용자조사』, 한국언론진흥재단). 이 조사에서 "지난 일주일 동안 종이 신문을 이용했느냐"는 질문에 10명 중 1명(10.2%) 정도만 "그렇다"고 답했어요. 1993년에는 10명 중 9명(87.8%),

2010년에는 10명 중 5명(52.6%)이었던 것과 비교하면 종이 신문이 얼마나 빠르게 사람들과 멀어지고 있는지 느낄 수 있죠.

물론 종이 신문이 위축되었을 뿐 뉴스는 다양한 통로를 통해 사람들에게 더 가까이 다가갈 수 있으니 거대 신문사의 영향력은 더 높아지는 것 아니냐고 생각할 수 있어요. 하지만 신문 발행 부수의 감소는 종이 신문 판매 이상의 수익을 가져왔던 신문 광고 매출의 하락을 의미합니다. 통상 종이 신문의 주 수익원은 신문 판매금이 아닌 광고 수익이고, 영향력 없는 매체에 비싼 돈을 주고 광고할 이유는 없으니까요.

인터넷은 뉴스 산업에 대한 진입 장벽을 낮췄고, 자연히 경쟁자는 많아졌습니다. 인쇄기가 없어도, 또 으리으리한 방송 시설을 갖추지 않아도 뉴스를 생산할 수 있게 됐으니까요. 충분히 언론 역할을 수행하고 있는 여러 1인 미디어에 더해 디지털에 특화된 신생 언론 매체들의 발칙한 도발은 충분히 위협적이었습니다.

2010년대 초 디지털 신흥 강자로 떠올라 지금은 넷플릭스와 함께 오리지널 다큐멘터리 〈익스플레인〉 시리즈를 찍으며 활동 반경을 넓히고 있는 미국 인터넷 매체 복스미디어Vox Media, 2006년 흥미로운 콘텐츠를 디지털 문법에 맞게 설명하는 콘텐츠 큐레이션Curation과 기사를 목록화해 제공하는 리스티클List+Article 등을 시도한 디지털 매체 버즈피드BuzzFeed, 지금은 거대 미디어그룹에 팔렸지만

2012년 출범해 디지털 경제 매체의 성공 신화를 보여준 쿼츠Quartz가 대표적이죠. 우리나라에서도 시민이 기자가 되는 참여형 저널리즘을 표방하며 2000년 설립된 오마이뉴스, 2013년 '한국탐사저널리즘센터'라는 가치로 시작한 탐사 매체 뉴스타파, 2015년 IT 스타트업 전문 디지털 매체로 출범한 아웃스탠딩, 문제 해결 저널리즘을 표방하며 2017년 출범한 독립 매체 셜록, 2018년 선보인 온라인 뉴스레터 서비스 뉴닉 등 내로라하는 디지털 강자가 많아요.

올드미디어의 위기, 언론은 사라질까?

이쯤 되니 종이 신문이 곧 완전히 사라질 것 같은 느낌까지 듭니다. 신문을 통해 사업을 이어 온 언론 매체들도 문을 닫을 테고요. 과연 그럴까요?

미디어학자 로저 피들러는 "새로운 미디어는 언제나 기존 미디어와 상호 작용을 통해 등장하고, 또 새로운 미디어가 등장해도 기존 미디어는 당장 사라지지 않는다"고 주장해요. 이용자 친화적으로 변화를 거듭하며 살아남는다는 거죠. TV 방송의 등장이 라디오를 완전히 사라지게 하지 못한 것처럼 말이에요.

기성 언론은 더 나아가 '종이'라는 틀에서 벗어나 인터넷 영역으로 전쟁터를 넓혀 생존을 위한 전략을 펴기로 합니다. 종이는 수단일 뿐 언론이 생산해 온 뉴스를 사람들은 여전히 필요로 하니까요. 1851년 창간한 뉴욕 타임스는 현재 미국 외에도 세계 곳곳에 31개 지국을 두고 있고, 2022년 2분기 기준 전 세계 200여 개국에 917만 명의 유료 독자를 두고 있는 글로벌 언론이에요. 이런 뉴욕 타임스 또한 위기를 겪었어요. 유료 부수와 광고 매출은 매년 뚝뚝 떨어졌고, 급기야 1면에 광고를 싣지 않았던 뉴욕 타임스의 유구한 전통도 경영 악화 속에서 2009년 1월 5일 깨져 버렸습니다. 이대로는 결과가 뻔해 보였고, 선택이 필요했어요.

2014년 3월, 전 세계 언론 기업을 주목시킨 뉴욕 타임스의 내부 보고서 하나가 공개됩니다. 이름하여 「뉴욕 타임스 이노베이션Innovation」, 소위 혁신 보고서입니다. 이 보고서는 100년 넘게 이어 온 뉴욕 타임스의 명성을 지키기 위한 디지털 전략을 담고 있었습니다. 뉴욕 타임스는 2011년 디지털 기사를 보기 위해서는 돈을 내야 하는 디지털 유료화를 시행했지만 결과는 처참했고, 이대로는 안 된다는 절박함이 보고서에 담겼어요.

핵심은 그동안 종이 신문에 맞춰져 있던 모든 뉴스 생산의 기준을 디지털로 옮기는 것이었어요. 매스미디어 시대에는 뉴스를 접할 수 있는 통로가 정해져 있었기 때문에 뉴스를 내놓기만 해도 독자가 알아서 찾아왔죠. 하지만 이제는 달라졌어요. 보고서는 이 같은 변화를 인정하고 뉴스가 어떻게 독자를 찾아갈 수 있을지, 뉴스가 어떻게 새로운 독자를 개발할 수 있을지 서술했습니다. 적극적인 소셜미디어 활용, 독자를 위한 맞춤형 뉴스 제공, 유연하게 전략을 펴고 대응할 수 있는 디지털 전략팀 구성, 신문이 아닌 디지털을 우선하는 조직 문화 확립이 대표적이었어요.

일례로 대부분 신문처럼 뉴욕 타임스 또한 오후와 저녁 시간대에 집중적으로 기사가 생산됐습니다. 다음 날 아침 내놓을 신문을 만드는 데 마지막까지 공들여 기사를 작성했어요. 이는 신문이 인쇄되기 전 기사를 수정할 수 있는 마지노선인 '마감Deadline' 개념이

©Wikimedia Commons

뉴스 기사를 마감하고 다음 날 발행할 신문을 제작하는 사람들.

존재했기 때문이죠. 하지만 디지털 영역에서는 독자가 언론사가 기사를 제공하는 시간에 맞춰 기사를 읽지 않습니다. 시간이든 형식이든 독자에 맞춰서 기사가 제공돼야 하는 거죠. 혁신 보고서에서는 "디지털 우선 전략의 마지막 일은 최고의 디지털 기사를 추려서 다음 날 신문을 위해 재포장하는 것"이라며 디지털 기사를 종이 신문보다 강조했습니다.

이를 바탕으로 뉴욕 타임스는 디지털에 발 빠르게 적응했어요. 고품격을 유지하면서도 디지털 문법에 맞는 기사, 독자 분석에 기반해 세분화된 76개의 뉴스레터, 새로운 이용자 창출을 위한 가로세로 낱말 퀴즈(크로스워드)와 요리 레시피 서비스가 대표적인 예죠. 이러한 노력은 서서히 성과를 나타내고 있어요. 2020년 8월 뉴욕 타임스가 그해 2분기 실적을 공개했는데, 디지털 구독 및 광고로 1억 8550만 달러(약 2200억 원), 종이 신문으로 1억 7540만 달러(약 2080억 원)를 벌어들였어요. 디지털이 종이 매출을 넘어선 건 뉴욕 타임스 창사 이래 처음 있는 일이었습니다. 그해 종이 신문과 디지털 신문 유료 구독자 수도 750만 명을 넘겼어요. 2019년 대비 무려 230만 명이 늘어난 수치였죠.

우리 언론이 달라졌어요

우리나라 언론사도 살아남기 위해 소리 없는 디지털 전쟁을 벌이고 있습니다. 우리나라는 다른 어떤 나라보다 포털의 힘이 강해요. 주로 언론사 홈페이지에서 뉴스를 소비하는 다른 나라와 달리 우리나라는 포털을 중심으로 소비되고 있어요. 돈을 내고 뉴스를 본다는 인식 자체가 자리 잡지 못했죠. 이 때문에 우리나라 언론사의 디지털 전환은 셈법이 복잡했고, 디지털 콘텐츠의 유료화 전환은 여전히 어려운 상황입니다. 그럼에도 불구하고 인터넷에서 영향력을 높이면서 유료화 가능성을 엿보는 실험이 지금 이 순간에도 계속 이어지고 있습니다.

중앙일보는 2014년부터 디지털 전환을 위한 본격적인 행보에 나섰습니다. 30여 명으로 구성된 소위 '신사유람단'이 세계 주요 언론사를 견학했어요. 이를 바탕으로 2015년 9월 중앙일보 혁신보고서를, 이듬해에는 외부 미디어 전문가로부터 자문받은 추가 혁신안을 도출해 냈습니다. 하지만 일을 해야 할 구성원이 움직이지 않으면 아무런 소용이 없는 법이죠. 더 이상 종이 신문만으로는 살아남을 수 없다는 사실을 공유하기 위해 수차례 디지털 설명회가 이뤄졌어요. 그리고 2017년 2월, 1년여의 기획 개발을 바탕으로 콘텐츠 통합 관리 시스템인 CMSContent Management System를 새로 만듭니다. 새 시스템에서 기자는 텍스트뿐 아니라 사진 그래픽, 디지털 기사 편집까지도 직접 다듬어 기사를 생산할 수 있었어요. 기존에는 기자가 신문 판형에 들어갈 크기에 맞춰 글을 써서 올렸던 텍스트 생산자였다면, 이제는 독자의 시선을 끌 여러 요소를 보기 좋게 조합하는 디지털 콘텐츠 기획자가 돼야 했죠.

독자가 어떤 경로를 통해 중앙일보 홈페이지를 찾는지, 들어와서 어떤 기사를 얼마나 오래 보는지, 해당 기사를 보고 난 뒤에는 어떤 기사로 옮겨 가는지 등 독자 분석이 가능한 시스템 또한 도입됐습니다. 모든 과정이 생산자인 기자·신문사에 맞춰져 있던 그간의 중심을 독자와 이용자에게 옮기고, '신문'을 위한 프로세스를 '디지털'에 맞추는 과정이었어요. 그 결과 중앙일보에는 현재 기사 마감 개념이 사라졌고, 디지털 기사와 종이 신문을 제작하는 조직 자체가 나뉘어 매체 특성에 맞는 콘텐츠를 생산하고 있습니다.

또한 디지털 문법에 맞춘 다양한 브랜드 콘텐츠가 생산되고 있어요. 재기발랄한 4명의 기자가 트렌디한 아이템을 짚어 보는 '듣똑라(듣다보면 똑똑해지는 라이프)'는 팟캐스트와 유튜브에서는 이미 굳건한 마니아 층을 형성했어요. 대부분 '개미'인 독자를 위한 개미 맞춤형 주식 정보 콘텐츠 '앤츠랩', 변화를 이끌어 가는 혁신가들의 이야기를 온 오프라인 만남을 통해 제공하는 '폴인', 주요 이슈의 핵심 팩트만 정리해서 가독성을 높인 '팩플'도 인기가 높습니다.

한국일보의 시도 또한 인상적입니다. 중앙일보와 비슷한 시기에 디지털 혁신 도전에 나선 한국일보는 2014년 창간 60주년을 맞아 '디지털 퍼스트Digital First'를 선언했어요. 디지털 퍼스트는 종이 신문보다 온라인상에 기사를 먼저 기재하는 방식을 이야기해요. 한국일보는 창간호 특집 기사를 통해 "종이 신문은 화석 같은 존재가 됐다. 신문을 찍는 언론사는 단둘뿐"이라며 2030년의 모습을 미리 그려 보기도 했죠.

하지만 혁신은 더뎠고, 2021년 다시 고삐를 조였어요. 한국일보가 디지털 혁신을 위해 새롭게 내건 가치는 '연결리즘'이었습니다. "좋은 독자와 좋은 기사가 너무 멀리 떨어져 있다"고 진단한 한국일보의 처방은 자연스럽게 그 간극을 줄이기 위한 시도로 가 닿았어요. 이를 위해 2014년 한 차례 개편했던 CMS를 2020년 큰돈을 들여 완전히 뜯어 새롭게 만듭니다. 그러고는 디지털과 종이 신문 제작을 위한 조직을 분리했어요. 당시 승명호 한국일보 회장은 "데스크와 기자들의 머리에서 신문을 지워라" 하고 강조했죠. 그렇게 조직 개편을 통해 만들어진 어젠다기획부, 커넥트팀, 1인랩 등은 독자와의 접점을 높이기 위한 시도를 이어 갔어요.

2021년 3월에 시작한 '디어 마더Dear Mother 프로젝트'는 한국일보가 추진하고 있는 디지털 혁신의 방향을 대표적으로 보여 줍니다. 독자가 완성하는 책이라는 이름으로 500만 원 목표의 크라우드

펀딩Crowd Funding을 시작했고, 목표를 초과해 모인 640만 원 후원금을 바탕으로 엄마를 인터뷰하는 팁을 담은 책 『디어 마더』(김지은 외, 한국일보사, 2021)와 이를 적용해 인터뷰를 체험해 보는 형식의 엄마 인터뷰 콘서트를 기획했어요. 후원 형식을 통해 독자와의 접점을 늘리면서 함께 이야기하는 상대로서 역할을 한 거예요. 독자가 클릭하거나 스크롤을 내려야 다음 콘텐츠가 나오는 인터랙티브Interactive 기사 시리즈, 세분화되어 독자들을 찾는 9개의 뉴스레터 또한 인상적인 시도입니다.

한겨레는 우리나라 일간지 중 처음으로 후원제 모델을 시작했어요. 2021년 5월 17일 한겨레 김현대 대표는 한겨레 신문 1면을

ⓒshutterstock

후원 또는 투자를 목적으로 다수의 개인으로부터 자금을 모으는 크라우드펀딩.

통해 디지털 독자에게 띄우는 편지를 썼습니다. 1988년 창간 당시 설립 자금을 투자했던 국민 주주와 신문 독자에 이어 디지털 독자를 세 번째 벗이라고 칭하며 일시 후원 및 정기 후원제를 통해 양질의 저널리즘을 구현할 수 있게 해 달라고 요청했죠. 후원 독자에게는 이들을 위한 뉴스레터와 광고 없는 페이지, 각종 한겨레 행사 참석권과 함께 한겨레의 탐사 보도물을 묶은 작품집을 전자책 형식으로 제공해요. 한겨레 후원제의 성과가 국내 디지털 저널리즘의 유료화 방향을 결정짓는 데 적지 않은 영향을 미칠 것으로 보여요.

신문을 주로 얘기했지만 방송 저널리즘 역시 디지털에서 영향력이 떨어지긴 마찬가지입니다. 예능 프로그램이나 드라마 등 다른 킬러 콘텐츠Killer Contents가 있기에 생존 자체가 위태로운 상황은 아니지만, 사회를 이끌어 가는 영향력은 예전 같지 않죠. 이 때문에 방송 저널리즘 또한 디지털 영역에서 이용자 접점을 높이기 위한 노력이 이어지고 있습니다. 트렌디한 뉴스를 추려서 아나운서와 기자가 재밌게 전달하는 MBC의 소셜미디어 채널 '14F', 흥미로운 뉴스와 이야깃거리를 가공해 제공하는 SBS의 소셜미디어 채널 '스브스뉴스'와 '비디오머그', 공론화 목소리가 필요한 주제를 재밌으면서도 생생하게 담아내는 CBS의 '시리얼SeeReal'이 대표적이에요.

디지털 영역에서의 소리 없는 전쟁은 지금 이 순간에도 계속되고 있어요. 전 세계 영어권 이용자를 대상으로 하는 해외의 유수 언론에 비해 우리나라 언론은 더 어려운 환경에 놓여 있는 게 사실이죠. 이와 함께 디지털 혁신 초창기 클릭 수를 높이기 위한 잘못된 경쟁은 디지털 뉴스 콘텐츠의 질적 가치를 더 떨어뜨려 놓은 상태입니다. 하지만 뒤늦게나마 일부 언론을 중심으로 지속 가능한 디지털 혁신의 움직임이 이어지고 있어요. 좋은 기사를 쓰는 것에서 나아가 좋은 기사가 독자에게 가 닿을 수 있도록 독자와의 접점을 높이고 관계를 구축하기 위해 애쓰고 있습니다. 줄어드는 광고 매출을 통한 생존이 아닌, 가치 있는 콘텐츠의 구독 매출을 통한 지속 가능한 도약을 꿈꾸고 있는 거예요. '디지털 기사는 공짜'라는 인식을 깨고 양질의 저널리즘을 독자와 함께 만들어 가겠다는 저널리즘의 노력이 통할까요? 우려 섞인 기대와 함께 조그마한 응원을 보내 봅니다.

미디어 톡

포털로 뉴스를 접하는 우리나라

우리나라는 유독 네이버나 다음과 같은 포털 사이트를 통해 뉴스를 이용하는 비율이 높아요. 영국 로이터저널리즘연구소가 해마다 발표하는 「디지털 뉴스 리포트」에 따르면, 2021년 우리나라는 온라인 뉴스를 검색 엔진(포털)이나 뉴스 수집 사이트를 통해 접하는 비율이 72퍼센트로 46개 조사국 중 최상위였어요 평균(33퍼센트)의 두 배가 넘는 수치입니다. 이에 반해 언론사의 뉴스 사이트나 언론사 앱을 통해 온라인 뉴스를 접한다는 비율은 5퍼센트로 최하위였습니다.

포털이 본격적으로 뉴스 서비스를 시작한 건 2000년부터예요. 네이버는 2000년 5월, 다음은 2003년 3월부터 뉴스 서비스를 제공하면서 이용자를 모으기 위한 미끼 상품으로 뉴스를 적극 활용합니다. 초기 자체 홈페이지를 중심으로 온라인 기사를 제공하던 언론사들도 포털의 영향력이 차츰 높아지면서 어쩔 수 없이 포털에 의존하는 경향을 띠게 됐죠. 대부분 언론사는 급격히 높아지는 인터넷 보급률에 제대로 된 준비와 대응을 하지 못했어요.

포털에 뉴스를 공급하는 언론사는 2000년 15곳에서 2007년 137곳으로 7년 만에 100곳을 넘겼습니다. '포털 저널리즘 Portal Journalism'이라는 용어가 여기에서 등장합니다. 언론사는 아니지만 언론사 콘텐츠에 대한 편집권을 행사하며 포털은 언론사보다 더 막강한 영향력을 행사했죠. 포털과 언론사가 합작한 포털 저널리즘은 적지 않은 사회적 문제를 야기해 왔던 게 사실입니다. 트래픽 중심, 클릭 수 중심의 수익 모델을 갖추다 보니 선정적인 기사가 쏟아졌고, 온라인 기사 제목 또한 '헉' '충격' 따위의 용어를 써 가며 자극적으로 바뀌기도 했습니다. 클릭 수를 높이려면 포털 사이트로 내보내는 기사의 양이 중요했기 때문에 동일한 내용의 기사를 반복해서 전송하는 어뷰징Abusing 기사 또한 양산됐습니다.

결국 심각성이 커지자 포털도 마냥 눈감을 수 없었고, 포털의 주선 아래 2015년 10월 뉴스제휴평가위원회가 구성됩니다. 언론 관련 단체와 언론사, 학계 등 위원 30명으로 구성된 위원회에서는 포털에 뉴스를 제공할 언론사를 심사하는 과정에서 어뷰징 기사나 광고성 기사 등을 바로 잡는 역할을 하고 있어요.

'디지털 뉴스 리포트'에서 우리나라의 뉴스 신뢰도는 최하위 수준으로 나타납니다. 전문가들은 포털을 통한 압도적인 뉴스 소비 행태와 낮은 뉴스 신뢰도가 연관성이 있다고 진단하고 있어요. 물론 그렇다고 포털의 뉴스 서비스 중단만이 길은 아닙니다. 이용자 입장에서는 부적절한 광고가 덕지덕지 붙어 있는 언론사의 개별 홈페이지에서 뉴스를 보는 것보다 포털에서 접하는 게 훨씬 편하기 때문이에요. 섣부른 포털 뉴스 탈피는 이용자들의 뉴스 접근성을 현격히 떨어뜨릴 수 있습니다.

그럼에도 불구하고 장기적으로는 건강한 저널리즘 문화를 만들기 위해 포털이 아닌 언론사를 통해 직접 뉴스를 소비해야 합니다. 광고주가 아닌 이용자가 콘텐츠 생산의 중심에 서기 위해서라도 필요한 일이죠. 결국 문제 해결의 핵심적인 키는 언론사 스스로 가지고 있을 거예요. 이용자와의 소통과 신뢰를 바탕으로 홈페이지와 콘텐츠 자체의 질적 관리에 나서지 않으면 불가능한 일이기도 합니다.

함께 더 생각해 봅시다

인터넷이 연 뉴미디어 시대는 장점도 많지만 반대로 단점도 상당합니다. '접속의 시대'라고 하지만 인터넷의 발달은 사람 사이의 물리적 소통을 더욱 단절시켰죠. 디지털 메신저가 일상화되면서 그 어느 때보다 소통이 활발히 이뤄지지만 이상하게 공허함을 느끼는 이들이 적지 않습니다. 예를 들어, 글자의 나열이 주는 딱딱함 속에도 인간적 표현을 담기 위해 이모티콘 문화가 발달했지만, 사람 사이에 오가는 따뜻한 감정을 오롯이 전하는 데에는 한계가 있을 수밖에 없는 것과 같죠. 디지털에서만 활동하고 외부 활동을 끊은 '디지털 히키코모리', 사이버 공간을 재충전의 발판으로 삼는 '사이버 코쿤족Cybercocoon' 같은 용어도 등장하고 있습니다. 어떻게 하면 인터넷의 장점을 살리고, 부작용은 줄일 수 있을까요?

3

우리가 꿈꾸는 미래 우리에게 다가올 미래

모든 뉴미디어는 올드미디어다

우리는 모두 라이프 사이클Life Cycle, 즉 일정한 삶의 성장 주기를 가지고 있어요. 영유아기를 시작으로 아동기, 사춘기, 청년기, 장년기를 거쳐 마지막으로 노년기를 보냅니다. 그런데 이처럼 성장 주기를 갖는 건 모든 물건과 상품도 마찬가지입니다. 상품에 생명 주기가 있다니, 무슨 뚱딴지같은 얘기인가 싶지만 하버드대학교의 레이먼드 버넌Raymond Vernon 교수는 이를 상품 생명 주기Product Life Cycle라고 일컬었어요. 1966년에 제시한 이 개념을 통해 버넌 교수는 상품은 시장에 등장하고 사라지기까지 필연적으로 도입기, 성장기, 성숙기, 쇠퇴기라는 4단계의 일정한 곡선을 그린다고 강조했습니다.

미디어 또한 마찬가지입니다. 우리가 즐겨 사용하는 주 미디어 또한 실험과 도전, 정착을 거듭하며 기술 진보와 함께 끊임없이 바뀌어 왔으니까요. 간단한 예로 이미지를 담아 전달해 주었던 필름 카메라를 들어 볼까요? 필름 카메라의 시작은 1888년으로 거슬러 올라갑니다. 이전에는 사진을 찍으려면 무거운 삼각대부터 각종 화학약품, 상을 맺히게 할 유리판, 빛을 막아 줄 텐트 등 갖춰야 할 게 많아 쉽지 않았죠. 그런데 코닥을 창립한 미국의 조지 이스트먼George Eastman은 빛에 반응하는 화학물질이 코팅돼 있는 감광필름을 통해 사진을 찍고 인화할 수 있는 휴대용 필름 카메라를 만들어 냈어요. 이후 휴대용 필름 카메라는 100년 넘게 굳건히 카메라의 강

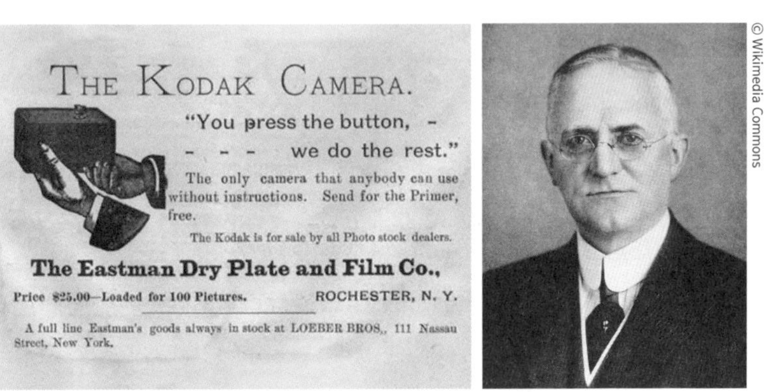

© Wikimedia Commons

1889년에 실린 코닥 카메라 광고 기사(좌)와 코닥의 창립자 조지 이스트먼(우).

자로 자리를 지켰습니다.

하지만 필름 카메라는 1990년대 말 정점을 찍은 뒤 급격히 쇠퇴합니다. 바로 디지털카메라의 등장 때문입니다. 디지털카메라는 카메라 속 이미지 센서가 필름 역할을 대신했고, 내장된 메모리 카드에 이미지를 저장할 수 있었어요. 따로 사진을 인화하지 않아도 컴퓨터를 통해 간편히 이미지를 볼 수 있었죠. 2000년대 초는 필름 카메라에서 디지털카메라로의 전환기였다고 할 수 있습니다. 일본 사진영상제품연합인 CIPA Camera & Imaging Products Association에 의하면, 디지털카메라의 출하량은 2000년 초 급증하기 시작해 2002년 필름 카메라를 뛰어넘고, 2010년 1억 2146만 대까지 올라 정점을 찍어요. 반대로 필름 카메라는 1998년 최대 4000만 대 가까이 출하되며 정점을 찍은 뒤 2008년 사실상 시장에서 사라집니다. 인터넷과 컴퓨터의 보급으로 열린 웹 2.0 시대에 필름 카메라의 자리는 없었던 거죠.

그런데 디지털카메라는 필름 카메라보다 더 빨리 왕좌에서 내려올 수밖에 없었습니다. 세계적으로 보급된 휴대전화와 스마트폰으로 언제든 편하게 사진을 찍고 그 자리에서 누구에게나 공유할 수 있게 됐기 때문이죠. 성능 또한 매년 향상돼 스마트폰 카메라로 광고와 영화를 찍는 수준에까지 이르렀습니다. 2020년 디지털카메라의 출하량은 약 889만 대로, 10년 전의 고작 7퍼센트 수준으로 떨어졌습니다.

카메라의 생명 주기를 보고 있으면 '모든 뉴미디어는 올드미디어'라는 말이 실감납니다. 반짝하고 새롭게 등장한 뉴미디어도 언젠가 쇠퇴기를 맞고 또 다른 뉴미디어에게 그 자리를 내줄 테니까요. 지금의 뉴미디어 또한 현 시점에서 상대적 의미의 뉴미디어일 뿐 시대에 따라 언제나 바뀌어 왔습니다. 구텐베르크의 인쇄술이 보급됐을 당시 뉴미디어는 이 인쇄술이었고, 필경사에 의해 필사됐던 서적들은 올드미디어였습니다. 이후 무선전신이 개발됐을 때는 신문과 책이 올드미디어로 바뀌었죠. 그리고 라디오의 발달은 무선전신을, TV의 발달은 라디오를, 다시 인터넷의 발달은 TV를 올드미디어의 자리로 몰아내고 뉴미디어의 자리를 꿰찼습니다.

여기에서 궁금증이 생깁니다. 그렇다면 지금 인터넷과 디지털을 중심으로 하는 21세기의 뉴미디어는 생명 주기의 어느 단계쯤 와 있을까요? 쉽게 답할 수 없는 문제이지만, 그 전에 우선 지금의 뉴미디어 시장을 들여다보면 좋을 것 같아요. 현재 뉴미디어 서비스 간 경쟁은 그 어느 때보다도 치열합니다. OTT와 소셜미디어, 각종 영상 콘텐츠 플랫폼 등 다양한 영역에서 매일같이 전쟁이 벌어지고 있죠.

영원한 절대 강자는 없다

2018년 11월 싱가포르에서 열린 넷플릭스의 아시아 신작 라인업 행사 'See What's Next : Asia'에 취재를 갔을 때입니다. 2016년 초 아시아에 진출한 넷플릭스가 이제 '간보기'를 끝내고 본격적으로 아시아 시장을 공략하겠다고 선언하는 장이었어요. 이를 위해 넷플릭스에서만 볼 수 있는 오리지널 콘텐츠 수급에 공들인 결과물을 공개하는 자리이기도 했죠.

행사장에 들어서자마자 그 규모에 압도되고 말았습니다. 1등 OTT 사업자로서의 패기가 묻어 나왔죠. 넷플릭스 창업자인 리드 헤이스팅스Reed Hastings는 "이용자가 원할 때 문화를 뛰어넘으면서도 개인의 취향에 맞는 콘텐츠를 볼 수 있도록 해 주고 있다"며 넷플

ⓒ노진호

아시아 시장 공략을 선언한 넷플릭스 신작 라인업 행사.

릭스의 성공 요인에 대해 자신만만하게 설명했죠. 2017년 전 세계 가입자 수 1억 명을 기록한 넷플릭스는 3년 만에 가입자 2억 명을 넘어섰습니다.

그런데 OTT 최강자 넷플릭스마저도 전쟁터 같은 경쟁에서 안심할 수는 없었어요. 특히 마블, 스타워즈, 디즈니, 픽사 등 막강한 콘텐츠를 소유한 디즈니가 직접 OTT 사업에 뛰어들면서 그동안 돈을 주고 넷플릭스에 넘겼던 콘텐츠의 방영권을 "이제는 우리가 직접 보여 주겠다"며 도로 가져오고 있어요. 디즈니의 OTT 디즈니플러스는 2019년 11월 정식 서비스를 시작한 뒤 1년 4개월 만에 가입자 수 1억 명을 넘기며 무서운 성장세를 보였습니다. 반면 넷플릭스의 성적에는 그림자가 드리웠죠. 2021년 1분기 가입자 수는 398만 명, 2분기 가입자 수는 154만 명이었는데, 이는 각각 1년 전 1분기(1577만 명)의 25퍼센트, 2분기(1010만 명)의 15퍼센트에 불과한 수준이었어요. 게다가 디즈니플러스 외에도 애플TV플러스, 아마존프라임, 텐센트, 아이치이, HBO 맥스 등 셀 수 없이 많은 경쟁사가 있고, 여기에 더해 신규 사업자 또한 계속해서 시장에 등판하고 있는 상황입니다.

소셜미디어 경쟁도 치열합니다. 음성 기반 소셜미디어인 '클럽하우스'를 보면 이 분야 경쟁이 얼마나 치열하게 전개되고 있는지 엿볼 수 있습니다. 클럽하우스는 미국 스타트업 '알파 익스플

로레이션'이 2020년 3월에 실리콘밸리의 IT 업계 관계자 간 소통을 위해 시작한 서비스였어요. 주변 지인이나 업계 전문가로 구성된 대화방에 참여해 특정 주제에 대한 의견을 주고받을 수 있었죠. 2021년 1월부터 페이스북 창립자 마크 저커버그Mark Zuckerberg, 테슬라 최고 경영자 일론 머스크Elon Musk 같은 무게감 있는 인물들이 참여하고 있다는 소식이 퍼지면서 이들의 목소리를 직접 듣기 위해 전 세계 이용자가 몰렸고, 애플 앱스토어 전체 앱 순위 1위를 기록하는 등 뜨거운 관심을 받았습니다. 많은 이들이 소셜미디어의 질서를 클럽하우스가 새롭게 재편할 것이라고 믿었죠.

하지만 클럽하우스의 인기는 정말 눈 깜짝할 새 식어 버립니다. 최대치인 100을 기록했던 구글 트렌드 검색 지수는 그해 2월 중순부터 급격히 떨어졌고, 3월 이후부터는 사실상 대중의 관심으로부터 멀어집니다. 전 세계 주목을 끌어 모은 지 단 2개월 만입니다. 아이폰 운영 체제인 iOS에서만 사용이 가능했던 점, 기존 가입자에게 초대를 받아야만 참여할 수 있었던 폐쇄형 구조, 음성 중심의 서비스로 광범위한 이용자의 흥미로 이어지지 않았던 점이 영향을 미쳤던 것으로 보여요. 뒤늦게 안드로이드용 서비스를 출시하고 초대 없이도 누구나 참여할 수 있는 열린 구조로 보완했지만 이미 떠난 이용자를 돌아오게 하기는 쉽지 않았습니다.

유튜브 또한 마찬가지입니다. 국적과 연령에 상관없이 전 세계 사용자들을 매혹시킨 영상 미디어 플랫폼을 묻는다면 10명 중 9명은 단연 유튜브라고 답할 거예요. 그런 유튜브마저 위기감을 느끼고 있어요. 새로운 숏폼 콘텐츠 강자 '틱톡'의 도전에 직면했기 때문입니다.

틱톡은 15초에서 3분 이내의 짧은 영상(숏폼 콘텐츠)을 제작해 전 세계에 공유할 수 있는 중국의 소셜미디어입니다. 글로벌 앱 분석 업체인 앱애니에 따르면, 2021년 5월 기준 1인당 월평균 틱톡의 사용량은 미국과 영국에서 유튜브를 넘어섰습니다. 2021년 9월 틱톡의 전 세계의 월간 활성 이용자 수는 10억 명을 기록했습니다. 일찌감치 짧은 영상의 경쟁력을 눈치챈 인스타그램은 2020년 릴스Reels를, 넷플릭스는 2021년 3월 패스트 래프Fast Laugh 서비스를 출시하며 발 빠르게 대응했지만, 유튜브는 한발 늦었어요. 2021년 8월에야 뒤늦게나마 5초에서 1분 미만 영상을 만들어 올릴 수 있는 '유튜브 쇼츠'를 내놓으며 적극 견제에 나섰습니다.

여전히 성장 중인 21세기 뉴미디어

뉴미디어 경쟁이 격화되고, 특히 새로운 신규 사업자가 계속해서 유입되고 있다는 것은 여전히 그 시장의 성장 가능성이 크다는 방증입니다. 성장 가능성이 없는 시장에는 새로운 사업자가 등장하지 않는 법이죠. 이처럼 21세기 뉴미디어의 확장과 성장은 여전히 현재 진행형인 셈입니다.

미국 미래연구센터의 저명한 미래학자 폴 사포Paul Saffo는 아무리 뛰어난 아이디어라 하더라도 등장하자마자 곧장 이용자들에게 선택받지는 않는다고 했습니다. 과거 사례를 바탕으로 살펴봤더니 일종의 도입기를 거치면서 연착륙을 위해 산업 및 시장과의 조율을 거치는 시간과 과정이 필요했다는 거예요. 경우에 따라 다르지만 사포는 대략 이 기간을 30년으로 보았습니다. 가만히 돌아보면, 1969년 인터넷의 시초라고 할 수 있는 알파넷이 만들어진 후 30년이 지난 2000년대에 들어서야 본격적인 인터넷의 시대가 열렸죠.

그러니 우리도 지금 눈을 크게 뜨고 지켜봐야 합니다. 30년 뒤 새로운 주류로 '짠' 하고 등장할 미디어가 우리도 모르는 사이에 지금 이 순간 싹을 틔우고 있을지도 모릅니다. 혹은 벌써 도전과 시험을 거듭하며 침투를 위해 사회와 조율하고 있을 '뉴'미디어가 벌써 있을지도 몰라요. 웹을 넘어 다음 뉴미디어는 누가 차지하게 될까요? 새로운 미디어가 사회의 나아갈 방향과 특성을 결정짓는 데 지대한 영향을 미친다는 점을 기억하세요.

미디어 톡

NFT, 넌 도대체 누구니?

혹시 '무야호'라는 말을 알고 있나요? 요즘 청소년들은 아마 MBC 인기 예능 프로그램 <놀면 뭐하니?>를 통해 알게 되었을 거예요. 하지만 이 말은 <무한도전>에서 처음 시작되었습니다. <무한도전>에 출연하게 된 한 어르신이 예의상 무한도전을 즐겨 본다고 말한 뒤 '무한도전' 대신 '무야호'를 외쳐 선의의 거짓말을 했던 게 드러났는데, 그 모습이 유쾌함을 자아냈습니다. 이후 어르신이 '무야호'를 외치던 장면이 '움짤'로 제작돼 사람들에게 공유되며 유행어까지 만들어 냅니다.

2021년 11월 MBC는 이 영상 클립을 950만 원에 판매합니다. '언제든지 복사해서 움짤로 즐길 수 있는 콘텐츠를 950만 원이나 주고 팔아?' 이런 의문이 들 수도 있겠죠. MBC가 판매한 건 '무야호' 영상 콘텐츠의 소유 인증서라고 할 수 있어요. 여기서 NFTNon-Fungible Tokens라는 개념이 등장합니다. NFT는 대체 불가능한 토큰Token을 의미해요. 블록체인Block Chain 기술을 이용해 디지털 자산에 고유의 값을 매기는 것을 뜻하는데, 이를 통해 해당 디지털 자산의 주인이 누구인지 일종의 증명서를 발급하는 개념이라고 할 수 있습니다. 디지털 세상에서는 훼손 없이 원본을 얼마든지 복제할 수 있기 때문에 그간 원본 자체가 가지는 의미는 크지 않았어요. 그런데 NFT는 원본을 가진 이가 누구인지를 명확하게 증명해 줌으로써 새로운 시장을 열었다는 의미가 있습니다.

디지털 자산에도 소유권을 부여하는 NFT.

2020년 이후 NFT가 주목받는 이유 또한 다양합니다. 우선 NFT에는 대체 불가능한 희소가치가 있다 보니 투자를 목적으로 NFT를 사들이는 이들이 적지 않습니다. 트위터 공동창업자인 잭 도시Jack Dorsey가 최초로 작성한 첫 트윗은 290만 달러(약 32억 7000만 원)에, 2016년 이세돌 9단이 알파고와 대전한 5국 중 유일하게 승리했던 4국은 2억 5000만 원에 팔리기도 했죠. 코로나19로 비대면 환경이 요구되면서 디지털 콘텐츠의 활용과 가치가 높아진 것 또한 이유 중 하나입니다.

모두가 손에 쥐고 즐길 수 있지만 진정으로 소유한 사람은 1명이라는 사실은 누구에게나 소유욕과 흥미를 자극합니다. 많은 전문가들은 NFT가 디지털 창작의 르네상스를 불러올 것이라고 예측하고 있습니다.

현실이 된 <레디 플레이어 원>

2020년부터 본격화된 코로나19는 사람 간 대면 접촉을 줄여 놓았습니다. 재택근무와 화상회의로 '언택트Un+Contact' 업무 환경이 조성됐고, 학교 수업 또한 마찬가지였어요. 관객의 반응을 보며 실시간으로 호응해 무대를 만들어 갔던 콘서트와 공연, 뮤지컬은 위축될 수밖에 없었죠. 밀폐된 극장에서 2시간 가까이 있어야 하는 영화 산업도 쪼그라들긴 마찬가지였습니다. 그런데 이런 상황 속에서 1230만 명이 참여한 콘서트가 열렸다면 믿어지나요? 통상 규모가 큰 콘서트의 최대 수용 인원은 5만 명 수준입니다. 그런데 무려 1230만 명이라니, 당연히 물리적 공간에서는 불가능한 일입니다.

이 콘서트는 2020년 4월 23일 배틀로얄 게임인 〈포트나이트〉 속 3D 가상 공간 '파티로얄'에서 열렸습니다. 미국의 유명 래퍼 트래비스 스캇Travis Scott은 3D 아바타로 무대 위에 올랐고, 〈포트나이트〉 유저들도 자신의 캐릭터를 통해 콘서트에 참여해 실시간으로 지켜봤습니다. 물리적 법칙이 필요 없는 가상 공간에서 스캇과 유저들의 아바타는 하늘을 날고 바닷속을 헤엄치며 무대를 만들어 갔어요. 이 가상의 공간에서 가상의 아바타가 만들어 낸 공연으로 얻은 수익은 200억 원이 넘었습니다. 아무리 그래도 그렇지, 실제로 만질 수도 직접 들을 수도 없는 콘서트에 이렇게까지 호응하다니 의아하기도 해요. 하지만 스캇의 콘서트 영상에 달린 "이제 나는 트래비스 스캇의 콘서트에 가 본 적이 있어!" "난 그를 만지기까지 했어"라는 댓글을 보면 이 공간을 그저 가상 공간이라고만 치부할 수 없을 것 같습니다.

또 다른 현실 메타버스

우리는 이 같은 공간을 메타버스Metaverse라고 부릅니다. 메타버스는 초월을 뜻하는 '메타Meta'와 세계, 우주를 뜻하는 '유니버스Universe'의 합성어예요. 현실 세계를 뛰어넘어 새롭게 만들어 낸 초월적 공간을 뜻하죠. 메타버스 개념은 1992년 미국 SF 작가 닐 스티븐슨Neal Stephenson의 소설 『스노 크래시』에서 처음 등장했어요. 이 소설에서 메타버스는 일종의 가상 세계로, 사람들은 메타버스로 들어가기 위해 아바타가 됩니다.

2007년 미국의 비영리 기술연구단체 ASFAcceleration Studies Foundation는 "가상적으로 향상된 물리적 현실과 물리적으로 영구적인 가상 공간의 융합"이 메타버스라고 설명했어요. 너무 어렵죠? 쉽게 말해 우리가 실제로 발을 딛고 서 있는 이 현실과 디지털 정보로 구성된 가상 공간의 융합으로 빚어낸 3차원 공간이라고 이해하면 됩니다. 두 세계를 융합하는 방법과 그 정도에 따라 보여지는 메타버스의 모습이 다를 뿐이죠. 현실에서 가상의 물체가 떠오르거나 우리가 아바타가 돼 미지의 공간으로 접속하는 형태가 될 수도 있는 거예요.

ASF는 메타버스의 유형으로 4가지를 구체적으로 제시했어요. 첫 번째는 증강 현실AR : Augmented Reality로, 실제 화면에 2D나 3D 형태의 캐릭터나 물체, 정보들이 겹쳐 보이게 만든 것입니다. 영화 〈아이언맨〉에서 아이언맨 슈트를 입으면 눈앞의 상대방 정보가 출력되는데, 이걸 증강 현실이라고 볼 수 있어요. 2017년 출시해 선풍적인 인기를 끌었던 〈포켓몬 Go〉 또한 위치 기반 정보의 증강 현실을 활용한 게임이에요.

ASF는 '라이프 로깅Life Logging'과 '거울 세계Mirror World'도 메타버스의 한 유형으로 소개했습니다. 라이프 로깅은 소셜미디어를 통해

이미지를 실제처럼 생생하게 볼 수 있는 증강 현실.

현실 속 자신의 생활을 기록하고 저장·공유하는 행위를 말해요. 이 과정에서 모든 현실의 정보를 그대로 담을 수 없기 때문에 취사선택이 일어나고, 자연스럽게 자신이 원하는 새로운 자아를 만들고 조립합니다. 거울 세계는 차량 네비게이션이나 지도 어플리케이션을 생각하면 쉽게 이해할 수 있습니다. 현실을 최대한 반영해 디지털로 옮기고 거기에 정보를 추가해 삶에 편의를 더하죠.

마지막으로 가상 세계는 일정한 생태계를 형성한 가상의 3차원 공간을 일컫습니다. 물건을 사고팔거나 자신의 아바타를 꾸미고 영화를 보는 등 현실에서 이뤄졌던 사회·경제·문화적 활동이 이뤄지기도 해요. 여러 유저가 참여하는 온라인 롤플레잉 게임이나 트래비스 스캇의 콘서트 현장이 가상 세계라고 할 수 있죠. 가상 세계는 흔히 우리가 메타버스의 개념으로 떠올리는 모습과 가장 가깝다고 할 수 있습니다.

저는 이 메타버스라는 개념을 접했을 때, 스티븐 스필버그Steven Spielberg 감독의 영화 〈레디 플레이어 원〉(2018)이 곧장 떠올랐어요. 영화 속에서 사람들은 오아시스라는 가상 공간에 빠져 지냅니다. 사람들은 오아시스 속에서 아바타로 존재하며, 실제로는 한 번도 만난 적 없는 친구를 사귀고 시간을 보냅니다. 주인공 웨이드는 오아시스를 이렇게 소개합니다. "상상이 현실로 이뤄지는 곳. 뭐든지 할 수 있고 어디든 갈 수 있다. 배트맨과 함께 에베레스트에 오를 수도 있고, 키가 커지고, 예뻐지고, 성별을 바꾸고, 다른 종족이나 만화 캐릭터가 될 수도 있다." 사람들은 입체 음향과 동작 감지 센서가 달린 러닝 머신 위에서 VR 헤드셋을 낀 채 가상의 세계를 종횡무진 활보합니다.

2021년 가장 뜨거운 키워드 메타버스

메타버스는 최근 언론과 기업, 일반인들로부터 가장 뜨거운 관심을 받은 뉴미디어가 아닐까 싶어요. 그런데 메타버스는 1992년 처음 등장한 이후 가상 현실VR : Virtual Reality · 증강 현실과 함께 꾸준히 언급되어 왔던 개념입니다. 이렇게 갑자기 관심이 집중된 데에는 다양한 이유가 있어요. 우선 디지털에 익숙한 세대가 성장하면서 메타버스를 친숙하게 받아들일 이용자의 규모가 갖춰졌기 때문입니다. 1990년대 중반부터 2000년대 초반에 태어난 Z세대, 2011년 이후 태어난 알파세대에게 디지털은 공기만큼이나 당연하고 익숙합니다.

〈포트나이트〉만큼이나 유명한 메타버스 게임으로 〈로블록스〉가 있어요. 〈로블록스〉의 사용자 수는 하루 평균 4210만 명(2021년 1분기 기준)입니다. 우리나라 인구(5182만 명)에 가까운 유저들이 매일 이 게임을 즐기고 있는 거예요. 더욱 흥미로운 건 이 게임 유저의 연령층이 굉장히 낮다는 점입니다. 2020년 기준 13세 미만 이용자 비율이 전체 이용자의 54퍼센트로 절반이 넘습니다.

이처럼 어릴 때부터 메타버스 기반의 게임을 접한 메타버스 네이티브Native가 자라나 사회의 주류 세대가 된다면 관련 시장과 산업은 얼마나 확장될까요? 당연히 기업 입장에서는 메타버스에 관심을 가지고 투자할 수밖에 없습니다. 여기에 더해 코로나19로 인해 자연스럽게 조성된 언택트 환경, 현실 세계와 가상 세계의 감각 차이를 극복시켜 주는 실감 기술이 접목되어 몰입감을 높여 주는 하드웨어(VR 헤드셋, 스마트 글라스, 전자 손목 밴드 등)의 발달은 메타버스에 대한 관심을 더욱 높여 주고 있습니다.

〈포트나이트〉나 〈로블록스〉에 버금가는 국내 메타버스 게임 플랫폼도 있습니다. 2018년 네이버제트가 출시한 '제페토'입니다. 자신의 사진을 바탕으로 자동으로 아바타를 만들고, 이를 통해 제페토로 여행을 떠날 수 있습니다. 다양한 주제의 가상 공간(맵)에서 친구들과 만나 대화하고 게임할 수 있는 공간으로 구성돼 있어요. 한강 근처 편의점 앞에 앉아 수다를 떨 수도 있고 명품 매장에서 신상품을 체험해 볼 수도 있습니다. 제페토는 2020년 네이버 자회사 스노우로부터 독립했는데, 이때 하이브가 70억 원, YG엔터테인먼트와 JYP엔터테인먼트가 각각 50억 원 총 170억 원을 투자했어요. K팝의 전 세계 팬들과 만날 수 있는 공간으로서 제페토의 가능성을 엿본 거예요.

발 빠른 기업들은 일찌감치 투자를 아끼지 않고 있습니다. 2021년 7월 당시 페이스북(현재 메타)의 실적을 설명하는 컨퍼런스콜Conference Call에서 마크 저커버그는 메타버스에 대한 관심을 드러내며 향후 5년 안에 페이스북을 메타버스 기업으로 탈바꿈시키겠다는 비전까지 제시했습니다. 페이스북은 2014년 VR 전문 업체인 오큘러스를 인수했고, 2019년에는 오큘러스의 VR 헤드셋을 통해 접속할 수 있는 메타버스 소셜미디어로 호라이즌 서비스를 시작했어요. 호라이즌으로 이주해 올 이용자들은 페이스북(2022년 2분기 기준 월 활성 이용자 29억 3000만 명)에 충분하니 하드웨어와 콘텐츠, 이용자

페이스북(오큘러스)의 VR 헤드셋.

까지 어느 정도 갖춘 셈입니다. 페이스북은 2021년 10월 회사명까지 아예 '메타'로 바꾸며 승부수를 던집니다.

페이스북은 VR 헤드셋의 기술적 진보를 바탕으로 실제 유저와 메타버스 속 아바타의 일치감을 높여 몰입감 높은 메타버스를 만드는 게 목표입니다. 그렇게 메타버스 안에서 자연스럽게 친구들과 모여서 여행도 가고 게임하고 춤추고 대화하고, 때로는 업무 회의도 하는 거예요. 이것들을 현실에서 하고자 할 때 드는 모든 시간과 수고로움을 줄이면서 말이에요. 자회사를 통해 VR 헤드셋 등의 실감 기술을 적극 이용하는 페이스북은 몰입감이라는 측면에서는 기존의 메타버스 게임 플랫폼보다 우위에 있다고 볼 수 있습니다.

메타버스는 포스트 인터넷이 될까?

한번 상상해 보세요. 내가 꿈꾸던 모습의 아바타로 가상 공간에 접속해 나이, 국적, 성별에 관계없이 친구를 사귀고 같이 게임하는 모습을요. 좋아하는 가수의 콘서트를 티케팅 경쟁 없이 직관할 수 있고, 심지어 이미 죽거나 늙어 버린 레전드 가수의 전성기 무대를 직관할 수 있다면 얼마나 멋질까요? 원한다면 영화 속 한 장면으로 들어가 직접 주인공이 돼 새로운 영화를 찍어 보는 것도 가능할지 몰라요.

하지만 여전히 극복해야 할 과제가 많습니다. 과거에 비해 아무리 수준이 높아졌다고 해도 여전히 갈 길이 멉니다. 1인칭 시점으로 유저가 참여하는 메타버스의 경우, 실제 고개를 움직이고 몸을 움직일 때의 반응을 아타바가 현실감 있게 반영하지 못하거나 반대로 아바타가 느낀 감각을 현실 속 유저가 느끼지 못한다면, 뇌는 인지 부조화에서 오는 불편함을 느낄 것이고 금세 어지러움과 메스꺼움을 호소할 거예요. 이런 점을 개선한 하드웨어 발달과 함께 대중화를 위해 그 가격도 낮아져야 할 테고요. 또한 유저들과 소통하고 오랜 시간을 보낼 수 있는 콘텐츠의 개발도 중요합니다. 단순히 게임하는 것에서 더 나아가 메타버스가 지속 가능하기 위해서는 다채로운 문화적 경험과 즐거움을 지속적으로 개발해 나가야 하겠죠.

무엇보다 메타버스가 단순한 게임 내지는 개별적인 콘텐츠를 넘어 포스트 인터넷이 되기 위해서는 표준을 마련해야 합니다. 인터넷도 1990년 월드와이드웹이 나오기 전에는 각각의 닫힌 서비스가 여러 곳에서 운영되는 것에 불과했습니다. 하지만 일종의 표준화된 질서가 마련된 이후 사람들이 몰려와 스스로 정보를 교환하고 집단 지성을 이루며 끊임없이 확장하는 가상 공간을 만들어 냈습니다. 지금의 메타버스는 별개로 존재하는 닫힌 생태계일 뿐이에요. 생태계의 확장과 지속적 발전을 위해서 표준화가 필요한 이유입니다. 그래픽 처리 장치GPU : Graphics Processing Unit 전문 기업인 미국 엔비디아의 CEO 젠슨 황Jensen Huang은 2021년 3월 이렇게 말했습니다. "앞으로의 20년은 SF 영화와 같을 겁니다. 메타버스의 시대가 오고 있습니다." 그의 예측이 맞을지, 메타버스가 실제로 어떤 미래를 그려 나갈지 벌써부터 궁금해지는 요즘입니다.

미디어 톡

메타버스, 밝은 내일이 기다려?

많은 이가 기대 섞인 희망을 품고 있지만 메타버스에 대한 부정적인 의견이 없는 건 아니에요. 마케팅을 위한 새로운 용어 붙이기에 불과하다거나 아주 오랜 시간이 흐른 뒤에야 올 까마득한 미래라고 비판하는 이도 적지 않습니다. 이런 회의론의 중심에 있는 인물은 놀랍게도 메타버스에 사활을 걸고 있는 메타(구 페이스북)의 VR 기기 자회사 오큘러스에서 최고기술경영자를 지냈던 존 카맥John Carmack입니다. 현재도 오큘러스의 기술 자문역을 맡고 있는 카맥은 2021년 페이스북 커넥트 행사의 기조연설에서 "나는 메타버스가 존재하기를 원하지만, 곧바로 착수하는 것이 메타버스를 실제로 만들어 내는 좋은 방법은 아니다"라고 꼬집었습니다. 메타버스는 여러 기술적 기반을 갖춤으로써 자연스럽게 형성되어야 하는데, 지금은 모두가 기술적 여건을 도외시하고 '메타버스'만을 외치고 있어 우려스럽다는 것이 그의 진단이었어요. 또 그는 일상적인 소통의 수단으로 많은 이들 사이에서 통용되기에 현재의 메타버스 관련 기기들이 너무도 불편하다고 판단했습니다.

회의론을 외치는 건 카맥뿐만이 아닙니다. 가상 현실 속에서 영상을 시청할 수 있는 스트리밍 서비스인 '빅스크린Bigscreen'을 개발한 다르샨 샹카르Darshan Shankar는 2018년 4월 영화 <레디 플레이어 원>을 보고 쓴 칼럼에서 "문서상으로는 좋아 보이지만 실제로 사용하기에는 끔찍할 것"이라고 비판했어요. 실제 기술이 고도화돼 메타버스 환경이 구축되더라도 아마존 쇼핑이나 구글 검색창에서 원하는 정보를 찾는 것보다 훨씬 비효율적일 것이라는 이야기였죠. 그는 “사람들은 크고 섹시한 아이디어에 끌리는데, 인간이 욕망하는 모든 것이 담긴 메타버스를 만들어 내는 것보다 더 큰 아이디어는 없을 것”이라며 사람들이 메타버스에 관심을 가지는 이유에 대해서도 일축했습니다.

여러분의 생각은 어떤가요? 저는 최근에 본 메타버스와 관련된 한 이미지가 인상 깊게 기억에 남습니다. 이미지 속의 인물은 메타버스 속에서 화려하게 살아가는 듯 보이지만, 메타버스 밖에서는 어두운 자기 방 한구석에서 VR 헤드셋을 끼고 쪼그려 앉아 있을 뿐이었습니다. 많은 이들이 메타버스의 장밋빛 미래를 기대하지만, 확실한 건 장밋빛 메타버스는 ‘메타버스’만으로는 쉽지 않아 보인다는 사실일 겁니다.

창작은 인간의 전유물일까?

여러분, 혹시 '불쾌한 골짜기'를 알고 있나요? 인형이나 로봇처럼 사람과 유사한 존재를 볼 때 사람은 친근함을 느끼지만, 그 유사성이 어느 정도를 넘어서면 불쾌감을 느낀다는 이론입니다. 실제로 인간과 똑 닮은 인형을 보고 섬뜩했던 경험, 한 번쯤 있을 거예요. 그런데 만약 인간만이 가능한 줄 알았던 영역에 인공지능이 침범해 거뜬히 해낸다면 어떨까요? 창조적인 그림을 그려 우리의 상상력을 자극하고, 상징이 담긴 시구를 통해 우리를 위로한다면 우리는 온전히 그 감정을 그대로 받아들일 수 있을까요?

예술의 영역까지 넘어온 인공지능

크리스티는 경매계를 이끄는 세계 최대의 경매 회사입니다. 소더비 경매와 함께 경매계의 양대 산맥으로 불리죠. 현재까지 인류 역사상 가장 비싼 미술품은 예수의 초상화를 그린 레오나르도 다빈치Leonardo Da Vinci의 〈살바토르 문디Salvator Mundi〉인데, 이 그림은 2017년 크리스티 경매에서 4억 5030만 달러(한화 약 5000억 원)에 낙찰되었습니다.

그런데 2018년 이곳에서 또 세계 경매의 새로운 역사가 쓰입니다. 인공지능AI : Artificial Intelligence이 그린 작품 〈에드몽 드 벨라미Edmond de Belamy〉가 43만 2500달러(약 5억 원)에 팔린 거예요. 경매 전 추정가의 45배에 이르는 가격이었습니다. 250년 그림 경매 역사상 첫 인공지능 작품인 데다 예상치 못한 낙찰가에 세계의 이목이 집중됐죠. 흐릿한 얼굴에 뚜렷한 표정도 형체도 알 수 없이 피사체를 옮겨 놓은 듯한 이 작품은 언뜻 보기에는 미완성 작품으로 보이기도 했습니다.

현재까지 가장 비싼 미술품 〈살바토르 문디〉(1500년경).

AI가 그린 초상화 〈에드몽 드 벨라미〉.

어떻게 인공지능이 초상화를 그릴 수 있었을까요? 원리는 이렇습니다. 이 작품을 그리기 위해 고안된 알고리즘Algorism에 14세기에서 20세기에 그려진 초상화 1만 5000장을 학습시킵니다. 학습을 통해 얻은 정보를 바탕으로 알고리즘의 한쪽에선 이들 초상화와 유사한 작품을 만들어 내요. 그러면 반대로 다른 쪽에선 그 작품이 14세기에서 20세기 초상화에 속하는 진짜 작품인지 가려내죠. 처음에는 터무니없는 작품이 나오다가 점차 진짜와 가까워지겠죠?

이러한 방식을 일컬어 생성적 대립 네트워크GAN : Generative Adversaria라고 합니다. 한쪽에선 생성기가 진짜 같은 가짜를 만들어 내고,

다른 쪽에선 판별기가 이것이 진짜인지 가짜인지 가려내는 과정을 반복하면서 판별기까지도 속일 수 있는 '진짜 같은 가짜'가 등장하는 거예요. 〈에드몽 드 벨라미〉의 오른쪽 아래 귀퉁이에는 화가의 서명 대신 이 알고리즘의 공식이 적혀 있어요.

비단 회화뿐만이 아닙니다. 우리는 이미 인공지능이 쓴 시와 사람이 쓴 시를 구분하지 못하고 있어요. 그 결과물은 어색하고 우스꽝스러웠지만 2018년 인공지능이 쓴 최초의 소설 『1 The Road』가 나오기도 했죠. 음악도 마찬가지예요. 즉흥적인 선율에 곧장 가사를 붙이고, 다양한 악기 소리를 조합해 새로운 오케스트라 곡도 만들어 냅니다. 물론 해당 분야 예술인들은 인공지능의 작품을 두고 '세상과 작가의 대화를 통해 만들어 내는, 그렇게 해서 예술적 가치를 지닌 작품이라기보다는 알고리즘의 무미건조한 공식에 의해 생산되는 공산품에 불과하다'고 평가합니다. 맞는 말일지 모르지만, 여러 시도와 성과가 이어지고 있는 사실만큼은 부정하기 쉽지 않을 거예요.

인류를 공포로 몰아넣은 알파고

여러분도 2016년 알파고와 바둑 천재 이세돌의 바둑 대결을 봤을 거예요. 저도 아주 흥미롭게 지켜봤던 기억이 납니다. 1997년 IBM의 슈퍼컴퓨터가 개발한 프로그램 '딥 블루Deep Blue'가 당시 세계 체스 챔피언이었던 가리 카스파로프Garry Kasparov를 2승 1패 3무로 이기기도 했는데, 바둑은 더욱 더 고차원적 스포츠였기에 결과가 기대됐습니다. 결과는 충격적이었습니다. 이세돌을 상대한 알파고가 4대 1로 압도적으로 승리했던 거예요. 알파고의 수는 망설임이 없었습니다. 인간의 사고로는 이해하기 힘든 수를 연이어 놓았고, 이세돌을 당황시켰습니다.

64개 칸에 여섯 종류의 말을 움직이는 체스와 비교해 바둑은 고려해야 할 경우의 수가 어마어마합니다. 바둑판은 가로세로 각각 19줄의 교차점 361곳에 돌을 무작위로 놓을 수 있습니다. 체스는 경우의 수가 10의 50승이라면, 바둑은 10의 171승이 넘어요. 어렴풋이 감조차 잡히지 않는 수죠. 1997년 딥 블루가 카스파로프를 이겼을 때, 뉴욕 타임스가 "바둑에서 컴퓨터가 사람을 이기기 위해서는 100년 이상이 걸릴지 모른다"고 했던 이유이기도 했습니다.

IBM이 만든 체스 특화 인공지능 컴퓨터 딥 블루.

알파고의 승리는 특히 우리나라 대중에게 인공지능에 대한 관심을 높이는 계기가 됐어요. 알파고와의 대국에서 이세돌 앞에 앉아 알파고의 수를 대신 놓아 주는 사람이 있었는데, 일부는 그 사람이 알파고라고 착각하기도 했다고 해요. 그 정도로 우리나라는 인공지능에 낯설었던 거죠. 관심이 높아진 반면 한편으로는 그간 허무맹랑하게 여겼던 '인공지능이 사람을 지배한다'는 생각이 현실이 될 수 있겠다는 공포감도 함께 전해 주었어요. 물론 이세돌은 "오늘의 패배는 이세돌의 패배지 인간의 패배가 아니다"라며 보는 이들을 달랬지만, 스스로는 3년 뒤 바둑계를 은퇴합니다.

스스로 공부하는 인공지능

인공지능은 인간의 고유 영역인 줄 알았던 분야에까지 거침없이 뻗어 나가고 있습니다. 인공지능은 컴퓨터가 인간처럼 고차원적으로 생각하고 행동하도록 고안된 기술이에요. 최근 들어 비약적으로 발전하는 모습을 보면 2000년 이후 대두된 개념 같지만, 인공지능의 역사는 생각보다 오래됐어요. 최초의 컴퓨터 모델을 고안했던 영국의 수학자 앨런 튜링이 1950년 논문 「컴퓨팅 기계와 지능」을 쓰며 "기계가 생각할 수 있을까?"라는 질문을 던진 게 본격

현대 컴퓨터 모델을 최초로 고안한 앨런 튜링.

적인 시작이라고 볼 수 있습니다. 언제나 인류의 발전은 이런 생각지 못한 질문을 던지는 것에서 시작하는 것 같습니다.

인공지능이라는 말은 1955년 과학자 존 매카시John McCarthy에 의해 처음으로 제시됐어요. 당시 매카시는 1956년 열릴 미국 다트머스 컨퍼런스에서 "인간처럼 문제를 해결하고 생각할 수 있는 기계를 만들 방법에 대해 살펴보자"고 제안하며 인공지능이라는 용어를 처음 썼습니다. 그래서 흔히 '인공지능의 아버지'라고 하면 앨런 튜링과 존 매카시를 꼽곤 합니다. 이후 인공지능의 개념은 구체화됐고, 어느덧 현실에서 활용하는 단계까지 왔습니다.

인공지능의 비약적 발달을 가능하게 한 건 바로 기계 학습Machine Learning입니다. 인공지능을 구현하기 위한 학습 방법으로, 주어진 데이터를 바탕으로 기계가 스스로 학습하고 판단할 수 있는 기술이에요. 예를 들어, 사진을 보고 강아지를 찾아내는 프로그램을 만든다고 가정해 볼까요? 우선 이를 위해 알고리즘에 '튀어나온 주둥이와 꼬리가 있고, 혀를 내밀고 있고 털이 있다'는 강아지의 특징을 입력한 다음 강아지의 사진 데이터를 던져 주면 인공지능이 스스로 학습합니다. 그런 다음 새로운 강아지 사진이 주어졌을 때 프로그램은 그것이 강아지인지 아닌지 구별할 수 있게 됩니다.

기계 학습 중에서도 더욱 고도화된 방식을 딥 러닝Deep Learning이라고 합니다. 딥 러닝은 인간의 복잡다단한 신경망을 흉내 낸 '인공 신경망'이 적용돼 좀 더 인간처럼 사고할 수 있습니다. 사전에 특정 정보를 주지 않고 수많은 강아지 사진만 제공해 주면 그 사진 속에서 스스로 특징을 포착해 '이것이 강아지다'라는 답을 낼 수 있죠. 주어지는 데이터 양이 많아지면 많아질수록 자연히 딥 러닝의 정확도는 더 높아지는 구조입니다. 앞서 소개했던 GAN 기법도 딥 러닝 기법 중 하나예요.

실생활 속에 인공지능이?

인공지능은 산업·의료·군사·교통 등 이미 여러 분야에 적용 범위를 넓혀 가고 있어요. 의료 분야에서는 특히 인공지능 기술 중 컴퓨터 비전 기술의 활용도가 높습니다. 시각 데이터를 보고 그 속에서 유용한 정보를 유추해 내는 기술이에요. 우리가 병원에 가면 엑스레이를 찍거나 MRIMagnetic Resonance Imaging, CTComputed Tomography

촬영을 하죠? 그럼 그 결과물을 보고 의사는 현재 상태가 어떤지, 어떻게 치료하면 좋을지 진단합니다. 컴퓨터 비전도 이 시각 데이터를 바탕으로 병명을 진단하거나 의사가 진단의 정확도를 높이는 데 필요한 정보를 제공하는 역할을 하고 있어요.

미국은 의료 분야에서 인공지능을 활용하려면 미국 식품의약국인 FDA Food and Drug Administration의 승인을 받아야 합니다. 사람의 생명이 걸린 의료 진단을 아무 인공지능 알고리즘에게 맡길 수는 없는 노릇이니까요. 현재 FDA에 승인된 인공지능 알고리즘의 목록을 보면 당뇨로 인한 망막 손상 진단, 뇌졸중 진단, 심장 초음파 분석, 뇌 분석, 유방암 진단, 바이탈 모니터링 등 그 활용 범위가 광범위하다는 사실을 알 수 있어요.

세계적으로 화제가 됐던 미국 IBM의 인공지능 '왓슨' 혹시 기억하나요? 길병원과 부산대병원, 건양대병원 등 국내 의료계에도 진출했던 인공지능이에요. 하지만 실제로는 진단 정확도가 높지 않는 등 의료 현장의 벽을 뛰어넘지 못하고 2021년 현재 퇴출 절차를 밟고 있습니다. 실제 기술력에 비해 마케팅에 의해 효과가 과장된 측면이 있었죠. 그럼에도 불구하고 앞으로 의료계에서 컴퓨터 비전의 활용 범위는 점점 더 확대될 거예요. 2020년 국제학술지 〈네이처 메디신〉에 발표된 연구에 따르면, 한 연구팀이 250만 개의 뇌종양 이미지를 학습한 인공지능으로 10가지 유형의 뇌종양을 앓고 있는 환자 278명을 진단해 봤더니 150초 만에 환자의 뇌종양을 진단했고 그 정확도가 94.6퍼센트였다고 해요. 20~30분 정도 소요되는 기존 진단(정확도 93.9퍼센트)보다 더 정확하기까지 했어요. 물론 다양한 유형의 뇌종양을 진단해야 하는 실제 의료 현장 보급을 위해서는 더욱 고도화가 필요하겠지만, 의료 분야에서 인공지능의 활용 가능성이 열려 있는 것만은 분명합니다.

교통 분야, 특히 자율주행에서도 인공지능은 비약적으로 발전해 왔어요. 테슬라의 창업자 일론 머스크는 2015년 "앞으로는 사람이 자동차를 직접 운전하는 것이 불법이 될 것이다"라고 예언하기도 했습니다. 자율주행 기술은 주변 차량과의 거리와 속도, 신호, 사람이나 장애물의 위치, 안개나 비, 눈 등 날씨에 따른 도로 상태까지도 고려해야 하기 때문에 여전히 인간을 대체할 만한 수준까지 올라와 있진 않습니다. 하지만 눈부시게 발전하고 있는 인공지능 분야 중 하나죠. 구글의 자율주행 자회사인 웨이모는 벌써 2018년 말 세계 첫 무인 택시 서비스를 시작했습니다. 법적으로 허용된 최초의 완전 자율주행 택시 서비스로, 미국 피닉스의 이스트밸리 지역에서만 운행되고 있습니다. 웨이모 이후 애플과 아마존 등 무인 택시 상용화를 예고한 기업들이 잇따라 나오고 있는 상황이에요.

테슬라 역시 지속적으로 자율주행 기능을 향상시키고 있어요. 현재 테슬라는 '오토 파일럿'이라는 자율주행 기능을 기본으로 사용

© shutterstock

사람의 조작 없이 교통수단 스스로 주행하는 자율주행 시스템.

하고 있습니다. 차선을 유지하거나 앞차와의 거리를 바탕으로 속도를 조절하는 주행의 보조 역할을 합니다. 완전 자율주행 기술도 사용하고 있는데, 고속도로 진입로부터 빠져나갈 다음 나들목까지의 주행, 자동 차선 변경, 자동 주차부터 전체 자율주행까지도 지원하고 있어요. 테슬라가 아니더라도 요즘 출시되는 차들은 직진 주행 시 속도 유지, 차선 이탈 방지 등 간단한 자율주행은 기본적으로 탑재돼 있습니다. 복잡한 도심에서의 주행, 특히 우리나라처럼 인구 밀도가 높은 지역에서는 완전 자율주행이 실제 적용되고 보편적으로 사용되는 데 적지 않은 시간이 걸릴 것으로 예상됩니다.

자율주행 기능이 향상돼 모든 차량에 자율주행 기술이 적용되고, 나아가 모든 차량이 실시간으로 인터넷을 통해 연결된다면 교통사고는 거의 사라질 거예요. 신호 체계도 효율성을 극대화할 수 있고, 심지어 신호등 같은 신호 자체가 없어질 수도 있는 획기적인 변화를 가져올지도 모릅니다.

인공지능이 가져올 미래

여러분은 인공지능이 인간의 역할을 모두 대체할 수 있을 거라고 생각하나요? 그렇다면 얼마나 걸릴까요? 2017년 옥스퍼드 대학교 인류미래연구소의 카티야 그레이스Katja Grace 연구진이 인공지능 석학 352명에게 이 질문을 던진 적이 있어요. 우리의 직업이 언제 인공지능에 의해 완전히 대체되고 자동화될지를 물은 거예요.

연구원들의 평균적 답은 이랬습니다. 언어 번역은 2024년, 고등학교 수준의 에세이 쓰기는 2026년, 트럭 운전은 2027년, 소매업은 2031년, 베스트셀러 책 집필은 2049년, 외과 의사는 2053년이면 인공지능이 직업을 대체할 것으로 예상했죠. 그리고 45년 안에 모든 영역에서 인공지능이 인간의 능력을 능가하고, 120년 안에는 모든 영역이 자동화될 확률이 50퍼센트라고 믿었습니다. 어떤가요? 먼 미래의 일처럼 느껴져 아직은 다행이라고 생각되나요? 아니면 언젠가 모든 일이 자동화되면 힘든 일을 굳이 직접 하지 않아도 될 테니 자연스럽게 우리의 삶도 윤택해질 거라고 생각하나요?

여기 이를 엿볼 수 있는 사례가 있어요. 코로나19 이후 비대면 환경이 조성되면서 우리는 음식을 배달시켜 먹는 일이 많아졌습니다. 자연히 음식 배달을 위한 플랫폼이 성장했고, 음식을 배달해 주는 라이더의 수요 또한 많아졌죠. 그런데 이 배달 라이더들에게 주문을 배차해 주는 일의 일부를 인공지능이 하면서 문제가 생기기 시작했어요. 음식 배달 회사 측은 인공지능이 배차를 하면서 상황이 많이 좋아졌다고 말했습니다. 배달 라이더가 다음 주문을 배정받기 위해 배달 중 휴대전화를 들여다보지 않아도 되니 사고율은 떨어지고, 최적의 동선을 추천하면서 배달에 걸리는 시간도 줄었다는 거죠.

하지만 일부 라이더는 반대로 주장했어요. 인공지능이 추천하는 동선과 예상 배달 소요 시간이 신호 위반을 유도하고, 배차 거부 시에는 일종의 보복을 받아 주문받기가 힘들어진다는 이야기였죠. 또 배달하러 가는 길이 오르막길인지 내리막길인지, 건물에 엘리베이터가 있는지 아니면 계단을 걸어 올라가야 하는 곳인지 세부 사정에 대한 판단 없이 기계적으로 판단하고 배정한다는 비판도 있었습니다. 누구 이야기가 맞는지 사실 여부를 떠나 이는 인간과 인공지능 사이의 불신을 보여 주는 예라고 할 수 있어요.

사실 일상 속에서 우리가 가장 많이 접하는 인공지능은 추천 서비스입니다. 유튜브나 페이스북, 트위터 같은 콘텐츠 서비스는 우리의 취향을 분석해 우리가 좋아할 만한 콘텐츠를 우선적으로 추천해 줍니다. 언뜻 편리해 보이지만 이는 필터 버블Filter Bubble이라는 사회적 문제를 야기하고 있습니다. 자기 성향에 맞는 콘텐츠를 걸러서 추천해 주다 보니 다양한 주제와 관점의 콘텐츠를 접하지 못하고 '버블' 안에 갇히게 되는 거예요. 문화적 취향은 물론이거니와 사회·정치적으로 다양한 주장과 시각이 존재하는 주제에서도 입맛에 맞는 콘텐츠만 접하다 보면 확증 편향이 심해집니다. 이는 이념의 양극화로 이어지고 결국 막대한 사회적 갈등 비용을 야기합니다. 이 때문에 추천 서비스가 어떤 과정을 거쳐 해당 콘텐츠를 보여 주게 되었는지 알 수 있도록 "인공지능 알고리즘의 투명성을 높이자"는 목소리가 커지고 있어요.

인공지능은 우리의 구원자일까?

인공지능의 발달은 기본소득의 필요성에 대한 화두 또한 새롭게 던지고 있습니다. 기본소득은 모든 국민이 최소한의 생활 환경을 갖추고 살아갈 수 있도록 아무런 조건 없이 돈을 주는 복지 제도입니다. 일도 안 하고 공짜로 돈을 준다니, 이해가 되나요? 하지만 기본소득은 그 역사가 오래된 개념이에요. 1796년 미국의 작가 토머스 페인Thomas Paine이 토지를 공공재로 보고 토지 수입을 모든 사람에게 지급해야 한다고 주장하며 기본소득 개념을 처음 제시했습니다. 이후 꾸준히 경제학자 사이에서 필요성이 제기되며 논의돼 왔어요. 그런데 최근에는 미국 실리콘밸리같이 기술적으로 사회를 선도하고 있는 곳을 중심으로 기본소득의 필요성이 대두되고 있습니다. 기본소득을 주장하는 실리콘밸리 IT 전문가들을 일러 생산 수단을 공유해 재산을 나눠 갖는 공산주의에 빗대 '테크노막시스트Techno-Marxist'라고 부르기도 합니다.

여기에는 다 이유가 있습니다. 인공지능같이 고도의 기술이 인간을 대체하면 결국 대기업 등 자산가를 중심으로 인공지능 설비가 집중될 가능성이 높습니다. 자동화로 높아진 생산성에 따라 자연스럽게 돈은 설비를 독점한 이들에게 모이고 양극화는 심화될 거예요. 인공지능에게 일자리를 뺏긴 인간은 일을 하고 싶어도 할 수 없는 상황에서 생활고를 겪고, 사회에 대한 신뢰와 유대는 낮아질 수밖에 없습니다. 공급을 받쳐 줄 수요가 없다면 경제적으로도 사회는 지탱될 수 없죠. 기본소득은 이를 막아 줄 최소한의 장치로 거론되는 거예요.

19세기 초 영국에서는 산업혁명으로 인한 기계화가 실업화를

ⓒWikimedia Commons

1800년대 초 영국에서 발생한 러다이트운동을 그린 삽화.

가져올 것이라며 공장지대의 기계를 파괴시키는 '러다이트Luddite운동'이 일었습니다. 인공지능이 21세기 러다이트운동을 불러올지도 모르죠. 이를 막고 인공지능과 사회가 조화롭게 굴러 가도록 하는 장치가 필요한 상황이 곧 올 거예요. 빌 게이츠가 인간과 같이 일하는 로봇에도 세금을 매겨야 한다며 '로봇세' 개념을 제시한 것도 비슷한 맥락입니다.

영국 물리학자 스티븐 호킹Stephen Hawking은 2014년 BBC와의 인터뷰에서 "생물학적 진화 속도가 느린 인간이 인공지능과 경쟁할 수 없고 결국 대체될 것"이라면서 "완전한 인공지능 기술의 발전은 인류의 종말을 초래할 수 있다"고 경고했습니다. 반면 지나친 걱정이라고 지적하는 이들도 적지 않습니다. 미국 포모나대학교 경제학과 교수인 게리 스미스Gary Smith는 "인공지능이 인간을 위협할 만큼 똑똑해지는 일은 가까운 미래에는 일어나지 않을 것"이라고 말했죠.

영화 〈터미네이터〉나 〈아이, 로봇〉(2004)에서처럼 인공지능이 인류를 적으로 인식하고 공격하는 모습으로 다가올지, 아니면 영화 〈바이센테니얼 맨〉(1999)에서처럼 인간의 집안일을 돕는 도우미이자 말동무가 되어 주는 친구, 때로는 연인이 될지 지금으로선 그저 추측만 할 뿐입니다. 인공지능이 갖는 윤리적·사회적 문제점을 사전에 관리하고 성찰한다면 우리는 인공지능을 통해 한 단계 더 나아갈 수 있을 거예요.

미디어 톡

인공지능에도 윤리가 필요하다?

새로운 존재는 늘 불안을 자아내기 마련입니다. 매스미디어를 통해 영화가 급속히 보급되자 당시 사람들은 영화의 폭력성을 걱정했고, 스마트폰이 확산될 때는 스마트폰 중독에 대해 적잖이 우려했어요. 인공지능도 마찬가지입니다. 인공지능의 발전이 눈에 띄게 빨라지자 우리는 인공지능이 곧 사회적·산업적으로 보편화되고 인간과 가까워질 것을 믿어 의심치 않게 됐습니다. 한편으로 내심 인공지능이 인간을 뛰어넘고 해를 끼치진 않을지 부정적 가능성 또한 생각하지 않을 수 없었죠. 그러한 과정 속에서 자연스럽게 제기된 것이 인공지능 윤리에 대한 논의입니다.

2004년 일본 후쿠오카에서 발표된 '세계 로봇 선언'이 대표적입니다. 후쿠오카 로봇 선언에서는 3가지를 공표합니다. 그 내용은 '첫째, 차세대 로봇은 인간과 공존하는 파트너가 될 것, 둘째, 차세대 로봇은 인간을 육체적으로 그리고 정신적으로 보조할 것, 셋째, 차세대 로봇은 안전하고 평화로운 사회 구현에 기여할 것'입니다. 2006년에는 유럽공동체 ECEuropean Commission의 지원으로 설립된 유럽로봇연구연합 EURONEuropean Robotics Network에서 로봇에 선행하는 윤리 원칙 13가지를 발표했어요. 인간의 존엄과 인간의 권리, 평등·정의·형평, 문화적 다양성을 위한 존중 등인데, 로봇과 인공지능에 앞서 이들을 개발하는 개발자를 위한 윤리 가이드 성격이 짙었습니다.

세계 국제기구 또한 이러한 흐름에 동참하고 있습니다. 2019년 경제협력 개발기구 OECDOrganization for Economic Cooperation and Development와 유럽연합 EU European Union는 각각 '인공지능 이사회 권고안'과 '인공지능 윤리 가이드라인'을 채택하기도 했어요. 세세한 내용에는 차이가 있지만 큰 틀은 모두 비슷합니다. 로봇은 인간의 번영을 위해 존재해야 하며 어떠한 경우에도 인간의 존엄을 침범해서는 안 된다는 대원칙입니다.

인공지능 로봇이 등장하는 소설이나 영화에서도 로봇이 인간을 공격하고 지배할 위험을 제거하기 위해 로봇이 거스를 수 없는 대원칙을 설정해 놓곤 합니다. SF 작가 아이작 아시모프는 1942년 소설 「런어라운드」에서 로봇의 3원칙으로 '첫째, 로봇은 인간에게 해를 끼치거나, 행동하지 않음으로써 인간에게 해를 가해서도 안 된다. 둘째, 제1원칙에 위배되지 않는 한 로봇은 인간의 명령에 복종해야 한다. 셋째, 제1원칙, 제2원칙에 위배되지 않는 한 로봇은 스스로를 지켜야 한다'를 제시했습니다.

언뜻 보기에 이 원칙을 따른다면 인공지능은 어떠한 경우에도 인간에게 해를 끼치지 못할 것으로 보입니다. 영화 <아이, 로봇>에도 아시모프가 제시한 로봇 3원칙이 인용됩니다. 영화 속 인공지능 '비키'는 로봇 3원칙에 따라 인류를 위해 봉사할 것 같지만, 인간을 가두고 로봇의 통제하에 두게 됩니다. 비키의 논리는 이랬습니다. '인간은 전쟁과 환경 오염으로 스스로를 파괴한다 → 제1원칙에 따라 인간이 파괴되지 않도록 인간을 보호해야(가두어야) 한다 → 제1원칙을 위해 인간의 명령도 거부할 수 있다.' 영화적인 설정이지만 퍽 흥미로운 질문입니다.

앞으로 인공지능이 고도화되면 인간의 영역을 넘볼 수 있는 단계로까지 발전하게 될지 모릅니다. 우리는 인공지능의 기술적 개발뿐 아니라 사회 윤리적 논의 또한 지속해야 할 것입니다.

빅 데이터, 뉴미디어 시대의 노스트라다무스?

과거 아날로그Analogue 시대에 우리의 활동은 극히 일부만 기록으로 남았습니다. 백화점에서 쇼핑을 한다고 가정해 볼까요? 마음에 드는 옷을 찾아 여러 매장을 돌아다니며 이 옷 저 옷을 입어 볼 거예요. 그리고 고민 끝에 마음에 드는 옷을 고르겠죠. 그런데 데이터의 관점에서 본다면 우리가 오늘 백화점에 와서 한 일은 단 하나의 옷을 산 것뿐입니다. 그 옷을 선택하기 위해 관심 있는 옷들을 입어 보고 비교해 봤던 과정은 전혀 기록으로 남지 않아요.

하지만 뉴미디어 시대, 대부분의 활동이 디지털로 전환된 지금은 다릅니다. 어떤 옷을 관심 있게 봤는지, 그 옷과 함께 또 어떤 신발을 매칭해 봤는지, 어떤 과정을 거쳐 최종적으로 옷을 선택하게 됐는지 데이터로 남습니다. 휴대전화로 소셜미디어를 하거나 콘텐츠를 소비할 때에도 마찬가지입니다. 모든 영역에서 우리는 디지털 발자국을 남기고 있으니까요. 그리고 소수일 땐 아무 소용없었던 하나하나의 발자국을 모아 우리는 오늘날 '빅 데이터Big Data'라는 금광을 발견하기에 이릅니다.

디지털 발자국이 정보가 된다고?

2016년 미국 대통령 선거는 보는 이로 하여금 손에 땀을 쥐게 할 만큼 치열한 접전이었습니다. 민주당에서는 버락 오바마Barack Obama의 뒤를 이을 주자로 첫 여성 대통령 후보인 힐러리 클린턴Hillary Clinton이, 공화당에서는 '미국을 다시 강하게'란 캐치프레이즈Catchphrase를 내세운 도널드 트럼프Donald Trump가 등판했어요. 클린턴이 대통령이 된다면 미국 역사상 첫 여성 대통령에, 남편인 빌 클린턴Bill Clinton에 이어 부인도 대통령이 되는 첫 부부 대통령이라는 역사도 기록할 참이었습니다. 이에 반해 트럼프는 노골적인 소수자 혐오와 막말로 보수적인 백인의 지지를 끌어모으려던 트러블메이커로 받아들여졌죠. '새 역사'와 '트러블 메이커' 간의 불꽃 튀는 접전에 세계의 이목도 쏠렸습니다.

대부분의 여론조사 기관은 클린턴이 트럼프를 앞설 것이라고 봤습니다. 뉴욕 타임스는 대선 하루 전까지도 85퍼센트, CNN은 91퍼센트 확률로 클린턴이 이길 것으로 예상했죠. 2012년 미국 대선과 여러 차례 선거에서 정확한 예측 분석으로 주목받았던 데이터 분석 전문가 네이트 실버Nate Silver의 '파이브서티에이트538'마저도 71.4퍼센트의 확률로 클린턴이 이길 거라고 봤어요. 신경과학자 사무엘 왕Sam Wang이 이끄는 프린스턴 선거 컨소시엄은 99퍼센트 트럼프가 질 것이라고 예측하며 "트럼프가 선거인단을 240명 이상 확보하면 생방송에서 벌레를 먹겠다"고 공언했습니다.

하지만 대선 결과는 충격적이었습니다. 트럼프가 총 538명 선거인단 중 304명의 선거인단을 확보하며 미국의 45대 대통령으로 당선됐기 때문이에요. 미국은 자치권을 가진 50개의 주로 구성된 연방제 국가입니다. 이 개별 주에서 이겼을 경우 그 주에 배정된 선거인단을 독식하게 되고, 이렇게 확보한 선거인단 수로 선거의 승패가 결정됩니다. 이런 미국만의 독특한 선거 방식 때문에 클린턴은 전체 득표율에서 2.1퍼센트포인트(%p)를 앞서고도 결과적으로 대통령 선거에서는 패했습니다. 클린턴의 승리를 장담했던 수많은 여론조사 기관과 언론사도 클린턴만큼이나 체면을 구길 수밖에 없었죠.

그런데 이 좌충우돌 미국 대선 결과를 제대로 예측한 곳이 있었으니, 바로 '구글 트렌드'였습니다. 구글 트렌드는 키워드 검색량과 유튜브 시청에 기반한 구글의 빅 데이터 분석 서비스입니다. 온라인에서 사람들이 얼마나 특정 단어를 많이 검색하는지에 대한 정보를 나라별, 기간별로 제공해 주고 있어요. 누구나 검색 한 번이면 특정 단어의 검색량이 어떻게 변하고 있는지 확인할 수 있을 정도로 시각화가 잘돼 있죠. 구글 트렌드는 직접적으로 사람들의 생각을 묻는 기존 여론조사와 달리 사람들이 온라인에서 자연스럽게 무엇에 관심을 가지는지 보여 줍니다. 샤이 보수, 샤이 진보라는 말이 있듯이 조사 대상자가 여론조사에서는 자신의 마음을 숨길 가능성이 있죠. 반면 구글 트렌드는 그저 솔직한 사람들의 온라인상 행동을 모아서 보여 줬고, 2016년 미국 대선에서 그 결과는 꾸준히 '힐러리 클린턴'이 아닌 '도널드 트럼프'가 우위를 차지하고 있었던 거예요.

21세기 석유 빅 데이터

이처럼 빅 데이터는 우리가 그동안 놓쳐 왔던 새로운 통찰력을 열어 주고 있습니다. 빅 데이터란 다양한 형태의 대규모 정보를 저장·관리·분석하고, 이를 통해 유의미한 가치를 발견해 내는 기술을 말해요. 특히 대규모 정보에서 유의미한 정보를 뽑아내는 걸 데

방대한 양의 정보를 분석하여 가치를 발견하는 빅 데이터.

이터 마이닝Data Mining이라고 합니다. 빅 데이터는 '21세기의 석유'라고도 불러요. 석유를 채굴하듯 정보를 채굴한다는 뜻이죠.

빅 데이터가 21세기 들어 각광받고 있는 이유는 인터넷과 스마트폰의 보급에 있어요. 우리의 디지털 활동은 언제나 기록을 남기기 마련입니다. 이 때문에 분석할 수 있는 데이터 자체가 많아졌어요. 우리가 무엇을 주로 검색하는지, 어떤 물건을 주로 사는지, 소셜미디어에서 무엇에 좋아요를 누르고 찾아보는지, 어떤 음악을 주로 듣는지, 어디를 방문하고 현재 어디에 있는지 등 모든 활동이 기록으로 남습니다. 이 기록은 하나일 때는 의미가 없지만 모이고 모여서 큰 덩어리를 이뤘을 때 유의미한 가치를 지닙니다. 컴퓨터 기술 발달로 대규모 정보를 분석할 수 있는 분석 기술과 데이터 저장 능력의 향상도 빅 데이터를 통한 가치 창출을 가능하게 했어요.

앞에 소개한 구글 트렌드처럼 기업들은 우리도 모르는 사이에 빅 데이터를 적극 활용하고 있습니다. 특히 구글은 전 세계 검색 시장의 92.5퍼센트(2021년 6월 기준)를 차지하고 있어요. 전 세계 검색 데이터가 많이 모일 수밖에 없고, 그만큼 저장과 분석에 유지 비용이 들지만 정확도는 높아집니다.

2008년 구글이 내놓은 독감 예측 웹 서비스 '독감 트렌드'는 대표적인 빅 데이터 서비스입니다. 당시 구글은 독감 증상, 독감 치료 같은 45개 키워드 검색량을 분석해 독감을 예측할 수 있으며, 정확도는 97퍼센트에 이른다고 논문을 통해 주장했어요. 실제로 독감 트렌드는 2010년 2월 대서양 연안 중부 지역에서 독감이 확산될 것이라는 사실을 미국 질병통제예방센터CDC : Centers for Disease Control보다 2주 빨리 예측했습니다. 2008년 MIT 슬론 경영대학원의 토머스 멀론Thomas Malone 교수는 "의도치 않게 만들어진 데이터를 사용하는 정말 영리한 방법"이라며 감탄했죠.

빅 데이터를 잘 활용하는 기업으로는 넷플릭스도 빠지지 않습니다. 넷플릭스가 지금껏 내놓은 숱한 명작 드라마 중 〈하우스 오브 카드〉를 으뜸으로 꼽는 이들이 많습니다. 동명의 소설을 원작으로 하는 영국 BBC 드라마를 리메이크한 작품으로, 2013년 2월 넷플릭스가 독점 공개한 정치 드라마입니다. 미국 워싱턴 백악관에서 벌어지는 치열한 권력 암투를 담고 있어요. 이 드라마를 따내고 제작하는 데 넷플릭스는 1억 달러(한화 약 1100억 원)가 넘는 비용을 들였습니다. 경쟁사였던 미국 케이블 방송사 HBO, AMC보다 높은 가격을 부른 건데, 계약 당시인 2011년 넷플릭스의 분기 매출이 8억 달러, 순수익은 6800만 달러였던 것을 고려하면 쉽지 않은 베팅Betting이었습니다.

하지만 넷플릭스는 이 작품을 제작해 방영하면 히트칠 수 있다는 확신이 있었습니다. 이 확신은 넷플릭스가 확보하고 있는 이용자 빅 데이터로부터 나왔어요. 하루 평균 3000만 회의 시청 기록, 400만 개의 평점 기록, 300만 회의 검색 기록 등 이용자 데이터를 분석한 결과 영국판 〈하우스 오브 카드〉에 대한 시청자 평가가 높다는 것, 그리고 이 영국판 드라마를 즐겨 본 사람은 주인공 역할을 했던 배우와 감독의 다른 영화 또한 재밌게 본다는 사실을 확인할 수 있었던 거예요.

결과는 정확히 적중했습니다. 2013년부터 미국판 〈하우스 오브 카드〉는 TV 부문의 오스카상이라고 불리는 에미상과 골든 글로브 등 각종 유명 시상식에서 감독상, 남우주연상, 여우주연상 등을 수상하며 넷플릭스의 대표적인 화제작으로 남았습니다.

이쯤 되면 빅 데이터가 황금알을 낳는 거위 내지는 세상의 모든 흐름을 바꿀 게임 체인저가 될 수 있지 않을까 싶습니다. 혹자는 유명한 16세기 프랑스의 예언가 노스트라다무스Nostradamus에 빗대 빅 데이터를 '디지털 노스트라다무스'라고 표현하기도 합니다. 정말 과연 그럴까요?

사실 앞서 소개했던 사례에는 반전이 숨어 있어요. 2016년 미국 대통령 선거에서 트럼프의 승리를 정확하게 예견했던 구글 트렌드는 2020년 11월 도널드 트럼프와 조 바이든Joe Biden이 맞붙은 대통령 선거의 결과도 맞혔을까요? 당시 선거를 앞두고 다수의 정치 평론가와 유튜버들은 구글 트렌드의 결과를 증거로 내세우며 트럼프가 재선에 성공할 거라고 예측했습니다. 대통령 선거 1년 전부터 선거 당일까지 구글 트렌드의 검색량은 미국 전 지역에서 단 한 번도 바이든이 트럼프를 넘어서지 못했기 때문이에요. 하지만 결과는 바이든이 46대 대통령에 당

© Wikimedia Commons

16세기 프랑스 예언가 노스트라다무스.

선됐죠. 2020년 10월 이후 발표된 여론조사 147건 중 트럼프가 재선에 성공할 것으로 예측한 여론조사는 단 2건에 불과했다고 하니, 이번만큼은 여론조사의 압도적 승리였습니다.

여기, 넷플릭스처럼 사람들로부터 사랑받는 히트작을 만들기 위해 데이터를 활용한 또 하나의 기업이 있습니다. 바로 아마존입니다. 전 세계에서 가장 영향력 있는 온라인 마켓으로, 멤버십 가입자를 위해 동영상 스트리밍 서비스도 제공해 오면서 자체 제작 오리지널 콘텐츠도 많이 만들고 있습니다.

2013년 아마존은 각각의 다른 주제를 가진 파일럿Pilot 드라마 14개의 에피소드를 1편씩 제작해 무료로 공개했어요. 수백만 명이 봤는데, 아마존은 이들이 어떤 에피소드를 좋아하는지, 얼마나 오래 봤는지, 어떤 장면에서 멈추거나 반복해 봤는지 데이터를 차곡차곡 모아 분석했죠. 결국 아마존은 14편 중 5편의 파일럿 드라마를 전체 시리즈로 만들기로 하고, 4명의 미국 상원의원이 등장하는 정치 코미디물 〈알파 하우스〉부터 시작하기로 결정했습니다. 하지만 성적은 그리 좋지 않았어요. 인기에 힘입어 6개 시즌까지 이어졌던 〈하우스 오브 카드〉와 달리 두 번째 시즌에서 제작이 멈췄고, 미국의 대표적인 평점 사이트 IMDb에서도 낮은 평점을 기록했습니다. 화제도 끌지 못했고 수상 실적도 변변치 않았죠.

그럼 2010년 미국 중부 대서양 지역의 독감을 정확히 예측했던 독감 트렌드는 어떻게 됐을까요? 지금 세계를 팬데믹Pandemic에 빠뜨린 코로나19 또한 선제적으로 예측했을까요? 아쉽게도 그렇지 못했습니다. 독감 트렌드는 2015년 8월 서비스가 잠정 중단됐습니다. 2011년부터 2013년까지 독감 발병률을 지나치게 높게 예측하는 등 예측에 지속적으로 실패했기 때문입니다.

데이터에는 없는 인간의 통찰

모두 데이터를 기반으로 결과를 예측했는데도 고전을 면치 못했던 이유는 무엇일까요? 그건 아무리 많은 양의 데이터가 있다 한들 인간의 통찰력 없이는 불완전하기 때문이에요. 데이터 그 자체에는 인간만이 도출할 수 있는 통찰력이 없습니다. 빅 데이터는 다양하고 방대한 양뿐 아니라 이를 정확하게 분석하고 현실에 접목하는 데까지 나아가야 합니다. 분석을 넘어 현실에 접목하는 과정에서 사람의 역할은 여전히 중요한 거예요.

구글 트렌드는 키워드 검색량을 보여 줬을 뿐 그것이 긍정적인 관심인지 부정적인 관심인지, 그것이 결국 어떤 투표 행위로 이어질지는 보여 주지 못했습니다. 아마존의 〈알파 하우스〉도 애초 14개 에피소드와 관련한 한정된 데이터만을 이용했죠. 또 데이터를 모으기 위해 먼저 공개한 에피소드와 후속 에피소드가 공개되는 데 걸리는 시간이 콘텐츠 시청에 미칠 부정적 영향 같은 여러 인문학적 요소들을 고려하지 못했습니다. 독감 트렌드는 어땠을까요? 우리는 아프지 않아도 특정 지역에서 질병이 유행하면 검색을 합니다. 이처럼 뉴스에서 독감이 주목받을 때 증상이 없는 사람도 관련 검색을 하게 되면서 데이터 오류를 불러왔고, 이와 별개로 실제 어디에서 어떻게 발병되고 퍼질지 모르는 질병을 단순히 검색어 분석만으로 예측하는 데에도 한계가 있었던 거예요.

데이터 전문가이자 사회학자인 트리시아 왕Tricia Wang은 이를 정량화 편향이라고 했습니다. 숫자가 보여 주는 결과에만 집착해 제대로 된 결정을 하지 못하고 있다고 지적했죠. 또 데이터 과학자인 세바스찬 베르니케Sebastian Wernicke는 아마존과 넷플릭스를 비교하며 "데이터와 데이터 분석은 특정 문제를 쪼개 그 조각들을 이해하는 데 도움을 줄 뿐, 그 조각들을 다시 합쳐 결론을 내는 데 도움을 주진 않는다"고 했습니다.

빅 데이터가 의미 없다는 이야기는 당연히 아닙니다. 빅 데이터는 더욱 정확도 높은 인공지능을 위해 필수적입니다. 빅 데이터를 활용해 콘텐츠 회사는 우리의 취향에 맞는 콘텐츠를 제공하고, 온라인 마켓도 정확도 높은 마케팅을 펼치고 있어요. 또 인구와 교통 변화량에 따라 대중교통 노선을 재정비하거나 도시 계획에 중요한 정보를 제공하는 등 실질적 도움이 되고 있죠. 향후 기후 변화 예측 등 활용 분야도 점차 넓어질 거예요. 그럼에도 불구하고 인간의 역할은 쉽게 대체되지 않고 중요성은 커질 겁니다. 데이터를 중시하는 넷플릭스가 인류학자 등을 고용하여 사람들이 에피소드를 몰아서 볼 때 쾌락을 느낀다는 사실을 발견하고 2013년 '몰아보기'를 위해 한 시즌 전체를 공개하는 방식을 도입한 것처럼 말이에요.

빅 데이터 시대, 내 정보는 내가 지킨다

빅 데이터가 중요해지는 시대에 개인의 정보는 더욱더 중요해지고 있습니다. 기업은 우리의 정보를 자양분 삼아 '어떻게 하면 이를 마케팅에 이용해 수익을 창출할 수 있을까?'를 365일 24시간 고민하고 있다고 해도 과언이 아닐 거예요. 이를 비판적으로만 바라볼 건 아니지만, 이 과정에서 우리의 정보가 소홀히 다뤄질 수 있다는 점을 유의해야 합니다. 2021년 8월 페이스북은 2018년 4월부터 2019년 9월까지 이용자 동의 없이 얼굴 인식 정보를 수집했다는 이유로 우리나라 개인정보보호위원회로부터 64억 4000만 원의 과징금을 부과받았어요. 대부분의 나라에서 개인정보 보호를 위해 이를 활용하려고 할 경우에는 명시적으로 이용 목적을 밝히

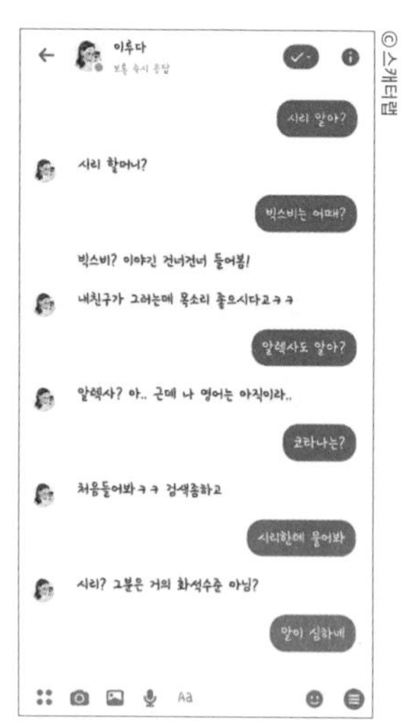

ⓒ스캐터랩

인공지능 챗봇 이루다.

고 사전 동의를 받도록 하고 있죠. 하지만 불법적인 이용과 무책임한 활용이 여전히 많습니다.

데이터가 잘못 활용될 경우, 그로부터 비롯된 결과가 사회에 영향을 미치기도 합니다. '이루다'가 대표적인 사례예요. 이루다는 20대 여성으로 설정된 캐릭터로, 친구처럼 메시지를 주고받을 수 있도록 만들어진 인공지능 챗봇Chatbot입니다. 2020년 말에 정식 출시된 이루다는 이용자가 급증하는 등 인기를 끌었지만 여성 및 장애인 혐오·차별적 발언이 논란이 됐고, 결국 AI 윤리 점검 등 재정비를 위해 출시 24일 만에 서비스를 잠정 중단해야 했어요. 이루다는 카카오톡의 채팅 데이터를 바탕으로 학습했는데, 사람들의 잘못된 편견과 인식까지도 그대로 학습한 결과였죠. 다행히도 '이루다'는 이번을 배움의 기회로 삼아 AI 윤리를 진지하게 고민하고, AI 기술 및 서비스 개발 시 부당하거나 의도적인 차별을 경계하면서 우리 사회 구성원들의 차이와 다양성을 존중하겠다고 밝히기도 했어요. 자유롭게 대화하면서 일상과 감정을 교류할 수 있는 AI 챗봇의 존재 이유는 누구나 소중한 친구를 사귈 수 있도록 하는 것이기도 하다고 덧붙였습니다.

무수히 많은 데이터에서 양질의 데이터만을 어떻게 뽑아낼 것인지는 앞으로도 쉽지 않은 과제가 될 거예요. 하지만 잊지 말아야 할 것은 한 사람 한 사람의 정보는 개인의 것이지만 이것을 모은 빅 데이터는 결국 개인을 포함한 우리 모두가 만들어 낸 자산이란 사실입니다. 빅 데이터의 활용이 특정 개인, 특정 기업의 이익을 위해서 활용되는 데서 나아가 우리 사회를 이롭게 하는 데까지 이르러야 하는 이유죠.

미디어톡

정보가 독점된 디스토피아를 보여 준 소설

우리의 모든 활동이 기록으로 남는다는 건 섬뜩한 일이기도 합니다. 곳곳에 설치된 CCTV는 우리를 위험으로부터 보호해 주고 사회적 순기능을 발휘하지만, 한편으로는 동의 없이 우리의 모습을 누군가가 들여다보고 있다는 얘기기도 합니다. 디지털 기록 또한 빅 데이터로 모여 우리의 삶을 유익하게 만드는 데 활용되지만, 반대로 개인의 정보가 악용됐을 경우 그 폐해는 걷잡을 수 없습니다. 2013년 에드워드 스노든Edward Snowden이 내부 고발을 통해 미국 국가안전보장국NSA : National Security Agency이 2011년 9·11 테러 이후 일반인들의 통화 기록과 인터넷 사용 기록, 일부 정치인들의 활동을 무차별적으로 수집하고 들여다보고 있다고 폭로하면서 이러한 우려가 단지 기우가 아님을 증명했죠.

조지 오웰의 소설 『1984』(1949)는 개인정보가 실시간으로 공유되고 그것이 권력에 의해 악용됐을 때의 암울한 모습을 묘사하고 있습니다. 소설 속 배경인 오세아니아에서는 '텔레스크린'이라고 불리는 영상 송수신기가 모든 집에 설치돼 있습니다. 일반인은 텔레스크린의 소리를 줄일 수는 있어도 완전히 끌 수 없었고, 항상 켜진 텔레스크린을 통해 일거수일투족을 감시받습니다. 이 소설에서 우리를 24시간 감시하고 있는 '빅브라더'가 어쩌면 빅 데이터가 될 수도 있겠다는 상상을 해 봅니다.

2010년 구글의 CEO였던 에릭 슈미트Eric Schmidt는 한 인터뷰에서 이렇게 말하기도 했습니다. “당신의 동의하에 당신은 당신과 당신의 친구에 관해 더 많은 정보를 우리에게 주고 있고, 우리는 당신의 검색 결과를 향상시킬 수 있습니다. 당신은 전혀 입력할 필요도 없습니다. 우리는 당신이 어디에 있는지 알고 있습니다. 우리는 당신이 어디에 있었는지 알고 있습니다. 우리는 당신이 무엇을 생각하고 있는지 어느 정도 알고 있습니다.” 빅 데이터의 효용도 좋고 산업적 진보도 좋지만, 우리는 이 과정에서 개인의 정보가 수단으로 전락해 함부로 취급되지 않도록 예의 주시해야 합니다. 소설 『1984』를 읽으며 프라이버시Privacy의 소중함을 간접적으로 느껴 보는 것도 값진 경험이 되지 않을까 추천해 봅니다.

함께 더 생각해 봅시다

우리는 과거보다 훨씬 더 다양한 콘텐츠를 접할 수 있는 시대에 살고 있습니다. 하지만 너무나 많은 선택지가 있기에 자신에게 편하고 익숙한 콘텐츠만을 선택하는 경향이 있죠. 우리의 취향을 완벽하게 파악하고 콘텐츠를 추천하는 빅 데이터와 인공지능 앞에서 우리는 우리도 모르는 사이에 콘텐츠를 편식하고 있는 스스로를 발견하게 됩니다. 다양한 콘텐츠를 접할 수 있는 환경에서 편견이 강화되기 쉬운 현실은 참 모순적이기도 합니다. 이러한 환경은 우리 사회에 어떤 결과를 가져올까요? 그것으로부터 오는 부정적 영향을 최소화하기 위해 우리는 어떻게 미디어를 이용해야 할까요?

4

달리는 뉴미디어 기차에서 나를 지키는 법

이것도 가짜 뉴스라고?

여러분은 진실과 사실의 차이를 알고 있나요? 기자 생활을 시작하고 언젠가 이 질문을 받았을 때 저는 선뜻 답하지 못하고 곰곰이 고민했던 기억이 있습니다. '장님이 코끼리 말하듯 한다'는 속담을 들어 봤을 거예요. 코끼리의 다리를 만진 장님은 코끼리가 두툼한 원통처럼 생겼다고 할 테고, 코끼리의 코를 만진 장님은 코끼리가 길쭉하고 자유자재로 휘어진다고 할 거예요. 여기에서 코끼리의 실제 모습을 진실이라고 한다면, 장님이 만진 각각의 코끼리는 사실이라고 할 수 있습니다. 중요한 건 모든 기자가 진실을 보도하기 위해 애쓰지만 항상 진실을 그대로 전할 수는 없다는 점입니다.

기사에 맥락이 숨어 있다?

취재는 가능한 한 많은 사실을 긁어모으는 작업이며, 보도는 취재로 취합된 사실을 모아 최대한 진실에 가깝도록 전달하는 것이라고 할 수 있습니다. 그렇다 보니 같은 진실을 바라보며 취재하더라도 보도되는 결과가 달라질 수밖에 없어요. 가까이는 취재 기자의 시각에서부터 언론사 내부의 조직 문화, 추구하는 가치관, 점차 영향력이 커지고 있는 타깃 독자 및 시청자 등에 따라서 기사는 크든 작든 영향을 받습니다. 특정 이슈에 있어서는 간혹 언론사의 이해관계, 언론사를 소유하고 있는 사주, 광고주에 따라 영향을 받기도 해 문제가 되곤 합니다.

취재된 사실들은 이러한 여러 요소에 따라 취사선택되는 과정을 거치는데, 이를 게이트 키핑Gate Keeping이라고 해요. 여러 관문을 지키는 문지기를 거쳐서 기사가 완성되는 거죠. 그리고 게이트 키핑을 거쳐 특정 사안이 보도될 때 언론사는 사안을 바라보는 관점을 드러내게 돼요. 이것을 프레임(틀)이라고 합니다. 하지만 게이트 키핑과 프레임을 부정적으로만 볼 건 아닙니다. 뉴스 지면과 시간의 제약 때문에 전달할 사실을 추려야 하는 과정에서 게이트 키핑은 보다 유용하고 필요한 정보가 사람들에게 전달되도록 돕는 역할을 합니다. 프레임도 특정 사안을 쉽게 이해하는 데 도움을 주죠. 다만 게이트 키핑 또는 프레임이 과도할 경우 편견을 조장하고 균형 있는 관점을 갖는 데 어려움을 만듭니다.

예를 들어, 파업 소식을 전하는 기사의 경우 보수 성향의 언론사는 자기 이익만 챙기는 이기적인 노동조합의 모습을 비판하는 데 주목하고, 진보 성향의 언론사는 노동자의 정당한 권리를 묵살하고 일방적으로 노동자를 탄압하는 회사의 태도를 비판하는 데 주목합니다. 또 지역에 건설되는 국제공항을 두고도 서울권 언론사는 경제적 타당성이 없다며 비판하는 데 초점을 맞춘다면, 해당 지역의 언론사는 지역 균형 발전의 필요성에 주목해 찬성의 목소리에 초점을 맞추죠.

2021년 2월 종합 편성 채널 TV조선의 트로트 오디션 프로그램 〈미스트롯 시즌2〉를 놓고 공정성 논란이 일었던 적이 있어요. 일부 시청자가 오디션 진출자 선정 과정에 의혹을 제기하며 방송통신위원회(이하 방통위)에 민원을 요청했죠. 그해 4월 방통위는 조사 끝에 "공정성 위반 내용을 확인할 수 없었다"고 했습니다. 대부분 언론은 「방통위 "'미스트롯2' 진출자 선정 공정성 위반 확인 안 돼"」라는 제목으로 이 소식을 전했지만, 유독 TV조선의 최대주주인 조선일보만은 미묘하게 달랐습니다. 「방통위 "미스트롯2 공정"」이라는 제목의 기사가 실린 거죠. 방통위는 〈미스트롯2〉가 공정하다는 이야기를 한 적이 없습니다. "공정성 위반을 발견할 수 없었다"는 말은 '공정하다'는 말과 차이가 있죠. 그렇다고 조선일보의 기사가 마냥 틀렸다고 단언하기에도 애매합니다.

그렇기에 우리는 뉴스를 다양한 관점으로 접할 수 있도록 노력해야 하고, 내용뿐 아니라 보도를 둘러싼 배경을 함께 살펴야 합니다. 물론 이 차이가 미묘해서 구분이 쉽지 않기도 합니다. 그럼에도 언론 보도를 접할 때 우리는 여러 방향에서 고려해야 정보의 능동적 주체로서 살아갈 수 있습니다.

뉴미디어 시대, 가짜 뉴스의 범람

그런데 이 복잡한 셈법이 최근 들어 더욱 복잡해졌습니다. 바로 가짜 뉴스Fake News 때문입니다. 가짜 뉴스란 허위의 정보를 뉴스처럼 믿을 만한 형식으로 꾸미고 조작한 정보입니다. 단순한 흥미에서 시작되어 경제적 이득, 정치적 영향력 행사 등 여러 가지 이유로 생산·유통되고 있어요.

사실 선정적으로 날조되고 자극적인 이야기를 통해 목적을 이루려는 가짜 뉴스는 인류의 역사와 함께했다고 해도 과언이 아닙니다. 언제나 뜬소문은 사람들을 혹하게 해 왔죠. 그럼에도 가짜 뉴스의 문제는 최근 들어 더욱 주목받고 있습니다. 특히 2016년

11월 미국 대통령 선거를 거치면서 본격화됐다고 볼 수 있어요. 워낙 치열하게 선거가 진행되다 보니 서로를 향한 네거티브(비방) Negative가 넘쳐났고, 이것이 곧 가짜 뉴스 시비로 이어지곤 했던 거예요. 여기서 네거티브란 선거운동 과정에서 후보자의 공약이나 정책이 아닌 상대 후보의 약점에 대해 '아니면 말고' 식의 비방을 하는 선거운동 방식을 말해요.

구글 트렌드에 따르면 미국에서 '가짜 뉴스' 키워드는 2016년 10월 본격적으로 등장하기 시작해 2017년 2월 지수 100을 기록하며 정점에 이릅니다. 2016년 11월 25일자 뉴욕 타임스에 따르면, 조지아주의 한 대학생은 '멕시코 정부는 트럼프가 당선되면 미국

©Wikimedia Commons

인터넷의 발달로 손쉽게 복제되고 전달되는 가짜 뉴스.

인 입국을 막겠다고 발표했다'는 기사를 작성해 6000달러(약 720만 원)를 벌기도 했습니다. 하지만 이 뉴스는 완전히 허위였어요.

2000년 이후 인터넷 보편화로 클릭 몇 번이면 대량의 정보가 손쉽게 복제되고 전달되는 환경이 갖춰지면서 가짜 뉴스는 그 심각성이 더욱 커졌습니다. 전파가 쉽고 빠른 만큼 그로 인한 문제가 광범위하고 걷잡을 수 없게 된 거예요. 또 디지털 정보의 합성과 조작 기술의 발달, 인공지능의 발달로 인한 생성 자동화로 가짜 뉴스를 골라내고 바로 잡기는 더 까다로워졌죠.

2003년 3월 미국과 영국 등 연합군이 이라크 전쟁을 막 시작했을 무렵 LA타임스에 실렸던 사진은 대표적인 사진 조작 사례로 자주 언급됩니다. 이라크군의 폭격이 일어나자 한 영국 군인이 한 이라크 마을 주민을 향해 손을 들고 땅에 엎드리라고 지시하는 장면이었습니다. 이 사진은 시카고 트리뷴과 하트포드 쿠란트 등 계열 언론사에도 함께 실렸어요. 그런데 하트포드 쿠란트의 직원이 사진에서 이상한 점을 발견합니다. 그는 군인 뒤편에 가려진 사람의 일부분과 군인 왼편에 있던 사람이 복사해 놓은 듯 비슷한 것을 수상하게 생각했습니다. 결국 20년 경력의 베테랑 사진 기자인 브라이언 월스키Brian Walsky는 "변명의 여지가 없다"며 조작을 인정했고, LA타임스는 그를 즉각 해고했습니다.

가짜 뉴스의 진화

2018년 공개된 1분짜리 영상이 하나 있습니다. 이 영상을 본 사람들은 몇 번이고 돌려 보며 눈을 의심해야 했어요. 영상에서는 미국의 전 대통령 오바마가 당시 대통령이었던 트럼프를 향해 "트럼프 대통령은 완전 쓰레기야"라고 말하고 있었기 때문입니다. 하지만 그 영상은 가짜였습니다. 미국의 코미디언이자 영화배우 조던 필Jordan Peele이 짜여진 대사를 읽은 뒤 그의 입 모양을 오바마의 얼굴에 합성한 것이었죠. 미국의 온라인 미디어 버즈피드가 딥페이크Deepfake의 위험성을 보여 주기 위해 실험적으로 만들어 올린 영상이었어요. 딥페이크는 인공지능 기술과 얼굴 매칭 기술 등을 활용해 특정 인물이 말하거나 행동하는 것처럼 조작하는 기술입니다. 버즈피드의 영상은 딥페이크 기술이 육안으로는 구분이 쉽지 않을 정도로 발달돼 있으며 '보는 게 다가 아닌' 디지털 콘텐츠에 대한 경각심을 주기에 충분했습니다.

실제로 딥페이크 영상은 많은 문제를 야기하고 있어요. 헐리우드 배우의 얼굴이 합성된 불법 성인물 영상이 유통되는가 하면, 그걸 넘어서 친구나 지인의 의뢰를 받아 특정 일반인의 딥페이크 영상을 제작해 판매하는 사례도 종종 나오고 있습니다. 완전히 없는 사실을 새롭게 조작하지 않더라도 약간의 변조로 특정인을 겨냥

두 개의 이미지를 합성해 조작하는 딥페이크 기술.

해 피해를 끼치는 사례도 있어요.

2019년 5월 페이스북에 미국 하원의장 낸시 펠로시Nancy Pelosi의 영상이 하나 올라왔습니다. 그런데 기자회견을 하는 영상 속 펠로시는 어딘가 모르게 발음이 어눌했고 말도 느렸어요. 확인 결과 기존 기자회견 영상을 변조해 말 속도를 느리게 하고, 발음이 뭉개지도록 한 것이었어요. 이 영상은 250만 회 이상 재생되면서 펠로시의 이미지를 실추시켰습니다. 그리고 2020년 8월에도 비슷한 영상이 올라옵니다. 술에 취한 채 기자회견을 하는 듯한 펠로시의 모습이 담겨 있었죠. 이 역시 실제 영상을 변조한 것이었습니다. 하지만 때로 거짓은 진실보다 더 자극적이기 마련입니다. 조작되지 않은 기존 영상의 조회 수는 고작 3만 회에 불과했지만, 변조된 영상은 업로드 4일 만에 조회 수 200만 회를 넘겼어요.

가짜 뉴스의 부각은 포스트 트루스Post Truth라는 사회적 흐름과도 무관하지 않습니다. 포스트 트루스는 실제로 일어난 일이나 진실보다는 감정이나 개인의 신념에 따라 믿고 행동하는 경향을 일컫는 말로, '탈진실'을 의미해요. 옥스퍼드 사전은 2016년 올해의 단어로 선정하기도 했습니다. 원하는 것만 믿고 보는 확증 편향이 심해지다 보니 뉴스가 진짜인지 가짜인지 우선 판단하기보다 일단 받아들이고 분노하는 거예요.

이런 점에서 가짜 뉴스라는 말은 정치적으로 이용될 위험성 또한 내포하고 있습니다. 자신에 대해 비판적이거나 불리한 정보를 탄압하기 위해 이를 포괄적으로 묶어서 '가짜 뉴스'라고 지칭하고 규제하는 수단으로 사용하기 때문입니다. 미국의 트럼프 전 대통령은 자신에게 비판적인 언론을 재임 기간 내내 끊임없이 가짜 뉴스라고 지칭하며 비판했습니다. 2018년 7월 영국 총리와의 공동 기자회견에선 질문하려는 CNN 기자를 향해 "CNN은 가짜 뉴스다. 난 CNN한테서는 질문을 받지 않는다"라며 묵살하기도 했죠. 이 때문에 학계에서는 가짜 뉴스라는 포괄적 의미를 담을 수 있는 용어 대신 허위 조작 정보라는 구체적인 용어를 써야 한다고 지적하기도 합니다.

가짜 뉴스의 또 다른 특징 중 하나는 위기 상황에서 더 빛을 발하는 경향이 있다는 사실이에요. 당연히 부정적으로 말이죠. 사람들의 불안을 이용해 더욱 쉽게 가짜 뉴스를 믿게 하기 때문인데, 그렇기에 더욱 악질적입니다. 코로나19 확산으로 전 국민이 불안에 떨던 2020년 초 정말 많은 '찌라시' 형태의 가짜 뉴스가 유통됐습니다. 아래는 그중 하나로 메신저와 소셜미디어를 통해 빠르게 퍼졌습니다.

<코로나 관련 오늘 기재부주관 제약회사 대표들과의 회의 참석 후 썸머리>

1. 현재 치료약 없슴. 환자는 산소를 불어넣는 치료를 하는데 폐기능이 약한사람은 방법 없이 방치.
2. 치료가 되어도 일반 폐렴보다 폐 손상이 많아서 폐활량 손실이 엄청큼. 치료되어도 완치가 아니고 폐 손상이 너무 심각.
3. 백신은 4월경이 되어야 나올것임.
4. 이 바이러스는 직바로 폐를 손상시킴.
5. 금년 4월까지 하나투어, 모두투어를 제외한 나머지 여행사는 모두 부도. 해서 정부에 인건비 50퍼센트 보조 요청.
6. 이번달 제주 여행 취소 98퍼센트.
7. 메르스는 일정 지역 여행만 자제가 되어 전 세계 관광에 부분적 영향. 이번것은 전 세계 대상.
8. 우리나라는 4월이 peak가 될것임.

사실 지금 보면 너무나도 허점이 많은 가짜 뉴스입니다. 보건복지부나 식약처도 아니고, 이 시급한 상황에서 국가의 재정을 담당하는 기획재정부가 굳이 제약회사 대표들과 회의를 했을까요? 또 곳곳에 있는 오탈자 또한 사실의 신빙성을 떨어뜨리고 있습니다. 하지만 처음 접해 보는 코로나19에 불안해하는 일반인 입장에서는 솔깃할 수밖에 없었습니다. 정부가 정치적으로 이용하기 위해 코로나19 확진자 수를 조절한다거나, 백신 접종을 통해 사람을 조종하는 칩을 몸속에 넣는다는 가짜 뉴스도 있었죠. 황당무계한 이야기임에도 정부를 믿지 않았던 일부 사람들은 백신 접종이나 역학 조사에 협조하지 않기도 했어요. 2019년 이스라엘의 사이버 보안 업체 CHEQ에 따르면 가짜 뉴스로 인한 전 세계 피해액이 매년 780억 달러(한화 약 90조 원)에 이른다고 합니다.

가짜 뉴스를 대하는 우리의 자세

우리는 마냥 가짜 뉴스에 당하고 있어야 할까요? 그렇지 않습니다. 가짜 뉴스에 대응하기 위해 기성 언론사를 중심으로 '팩트 체크'가 활성화되고 있습니다. 정보를 검증함으로써 발 빠르게 거짓을 잡아내는 일종의 정공법이라고 할 수 있어요. 세계 각국의 주요 언론사는 잘못된 사실을 바로 잡을 수 있는 팩트 체크 코너를 운영하고 있습니다.

이를 위한 글로벌 움직임도 체계적으로 진행 중이에요. 국제팩트체킹네트워크인 IFCN(International Fact-Checking Network)은 팩트 체크의 자체 강령을 마련해 두고, 강령에 충족한 팩트 체크 운영 기관에 인증 마크를 발급해 주고 있습니다. 강령의 내용은 '첫째, 중립적이며 공정할 것, 둘째, 출처를 투명하게 공개할 것, 셋째, 조직 운영 자금에 대해 독립적이고 투명하게 공개할 것, 넷째, 팩트 체크 방법을 투명하게 공개할 것, 다섯째, 팩트 체크를 수정할 경우 투명하게 수정하고 공개할 것'입니다. 특정 정치 세력이나 경제 집단을 위해 악용될 가능성을 원천 차단하고, 질적 수준을 상향 평준화하기 위한 기준이라고 할 수 있죠. IFCN으로부터 인증받은 기관은 2021년 9월 기준 전 세계 92곳(갱신 심사 중인 기관 제외)입니다. 국내에서는 JTBC가 2020년 1월 한국 최초이자 유일하게 IFCN 인증을 받았습니다.

© IFCN

JTBC가 받은 IFCN 인증 마크.

지금 서울대학교 언론정보연구소가 운영하고 있는 SNU팩트체크센터(factcheck.snu.ac.kr)는 가짜 뉴스에 대응하기 위해 네이버의 지원을 바탕으로 2017년 3월 출범했습니다. 2021년 8월 기준 국내 31개 언론사와 팩트 체크를 협업하고 있어요. 2020년 11월에는 정부가 예산을 지원하고 방송기자연합회 등이 운영하는 팩트체크넷(factchecker.or.kr)이 개설되기도 했습니다.

무엇보다 중요한 건 정보를 직접 받아들이고 이용하는 능동적 주체로서의 자세입니다. 팩트 체크는 사후 검증으로 이루어질 수밖에 없기 때문에 정보를 처음 접할 때부터 비판적으로 받아들이고 비교해 보는 자세를 가져야 합니다. 의심쩍은 정보나 기사가 있을 경우, 앞서 소개된 팩트 체크 관련 웹사이트에 들어가 기존에 팩트 체크된 내용이 있는지 확인하고, 없다면 팩트 체크를 요청하는 것도 정보를 능동적으로 이용하는 방법입니다.

미디어 톡

가짜 뉴스를 골라내는 방법

유럽연합의 행정부 역할을 하는 유럽공동체는 허위 조작 정보를 골라내고 이를 바로 잡는 방법으로 6가지를 소개하고 있습니다. 여러분도 의심스러운 정보를 접할 때 따라 해 보세요.

1. 출처를 확인해 보세요.

의심스러운 정보를 접했을 경우, 가장 먼저 정보를 전해 주는 전달자가 믿을 만한지 확인해 봐야 합니다. 들어 본 적이 있는 언론사인지, 혹은 유력 언론사의 웹사이트와 유사하지만 로고가 다른 '피싱Phishing' 사이트가 아닌지 살펴보세요.

2. 저자가 믿을 만한가요?

게시물 작성자나 기사를 작성한 기자가 믿을 수 있는 사람인지 확인해 보세요. 다른 글을 통해 신빙성을 확인할 수 있습니다. 특히 짧은 시간에 많은 글을 작성했을 경우 '봇Bot'일 가능성도 있습니다.

3. 다른 언론사에서도 다루고 있나요?

다른 믿을 만한 언론사와 공공기관에서도 같은 내용을 다루고 있는지 확인해 보세요. 그리고 그곳의 내용과 일치하는지도 살펴보세요.

4. 사진과 동영상을 유심히 보세요.

때로는 오래된 동영상이 최근 동영상으로 둔갑할 수도 있습니다. 이미지가 진짜인지 원본 소스를 확인해 보세요. 동영상과 사진에서 날짜를 확인할 수 없다면 특히 더욱 유의하세요. 딥페이크 같은 조작 기술이 꾸준히 진화하고 있다는 사실도 명심해야 합니다.

5. 분노를 불러일으키나요?

특정 기사나 정보가 과도하게 분노를 불러일으킨다면 잠시 멈추고 돌아보세요. 허위 조작 정보는 종종 분노를 유발해 특정 세력을 공격하기 위한 목적으로 제작됩니다.

6. 신고하세요.

특정 계정이 허위 조작 정보를 계속해서 퍼뜨리고 있거나 허위 조작된 것으로 의심되는 정보의 경우, 네이버, 카카오, 유튜브, 트위터 등 미디어 플랫폼에 계정과 정보를 신고하세요. 개인의 노력이 허위 조작 정보로부터 민주주의를 지켜 낼 수 있다는 점을 기억하세요.

양날의 검이 된 인터넷

인터넷과 스마트폰의 보급은 24시간 우리를 다른 누군가와 연결해 주고 있습니다. 전화하거나 시간을 내서 따로 만나지 않아도 서로의 소식을 자연스럽게 알 수 있는 편의를 누리게 됐죠. 모르는 상대와도 마찬가지입니다. 현실 속 관계를 기반으로 하던 2000년대 초 소셜미디어나 메신저와 달리 모두를 향해 열려 있는 지금의 소셜미디어는 연결 관계의 범위를 확장시켜 놓았습니다. 뿐만 아니라 각종 인터넷 커뮤니티와 인터넷 기사의 댓글란 등의 인터넷 공론장은 자신의 생각을 솔직하게 표현하며 불특정 다수와 소통하게 만드는 창구 역할을 하고 있죠. 익명성을 바탕으로 한 인터넷의 특성은 표현의 자유를 극대화하는 장치이기도 합니다.

그런데 그 편리함과 이점은 양날의 검이 되기도 해요. 디지털 정보는 손쉽게 복제되고 전달되기 때문에 잘못된 정보가 퍼질 경우 그 피해와 정도가 큽니다. 당연히 무거운 책임감이 따를 수밖에 없죠. "발 없는 말이 천 리 간다"는 속담이 있죠? 이 속담은 사실 뉴미디어 시대에 더욱 적합한 표현이라고 할 수 있어요. 세계 곳곳에 모세혈관처럼 깔려 있는 인터넷망은 그 어떤 때보다 빠르게 메시지를 전달할 수 있는 환경을 제공하고 있습니다. 인터넷을 공기처럼 이용하는 디지털 네이티브들이 올바른 인터넷 사용법부터 먼저 배워야 하는 이유입니다.

위험한 소문, 찌라시

'찌라시'는 인터넷 시대의 대표적인 폐해입니다. 원래 찌라시는 증권가의 사설 정보지를 뜻하는 용어로 사용됐습니다. 1990년대 정보에 가장 민감한 증권가에서 사회·문화·정치 등 각계각층의 관계자들로부터 정보를 취합해 일부 고객을 대상으로 만들어 뿌렸던 게 시초라고 할 수 있어요. 지금은 각종 메신저와 소셜미디어에서 '받은 글' 형태로 광범위하게 퍼져 나가는 허위 정보를 찌라시라고 통칭할 수 있습니다.

우리나라에서 찌라시의 심각성이 본격적으로 부각된 건 2005년 초입니다. 당시 한 광고 기획사에서 광고 모델들과의 계약에 참고하기 위해 연예인 125명에 대한 평판을 기록했는데, 이것이 '연예인 X파일'이라는 이름으로 유출되면서 큰 파장을 일으켰죠. 여기에는 풍문에 불과한 거짓 정보가 함께 뒤섞여 있었고, 이미지가 직업적 생명과 직결되는 연예인들에게 심각한 피해를 끼쳤습니다. 당시 법무부 장관과 정보통신부 장관, 경찰청장까지 함께 나서 '찌라시와의 전쟁'을 선포했을 정도였습니다. 연예인 X파일을 작성한 광고 기획사와 이를 고소한 연예인들이 합의를 보면서 법적 처벌까지는 가지 않았지만, 인터넷 찌라시에 대한 경각심을 알리는 계기가 됐습니다. 그로부터 10여 년도 더 흐른 지금도 찌라시로 인한 피해는 현재 진행형이에요.

찌라시 피해는 연예인만을 대상으로 하지 않습니다. 일반인과 관련된 이야기도 인터넷 커뮤니티와 메신저를 통해 흥밋거리로 소비되며 퍼져 나가기도 해요. 익명성이 보장된 메신저의 '오픈채팅방'은 최근 찌라시의 주요 유통 경로가 되고 있습니다.

중요한 사실은 찌라시로 누군가 피해를 입게 될 경우 최초 작성자뿐 아니라 단순 전달자도 처벌받을 수 있다는 점입니다. 받은 찌라시를 흥밋거리로 지인 단 1명에게만 전달하더라도 경우에 따라 처벌의 대상이 될 수 있어요. 모두가 알고 있으며 광범위하게 퍼진 정보라도 직접적으로 누군가에게 정보를 전달하는 행위는 정보

통신망법상 명예훼손죄에 해당될 수 있죠. 그 내용이 사실이라 해도 마찬가지입니다. '퍼질 대로 퍼졌는데 뭘'이라고 가볍게 생각해서는 절대 안 됩니다. 「정보통신망 이용촉진 및 정보보호 등에 관한 법률」 제70조에 따르면, 비방할 목적으로 정보 통신망을 통해 사실을 드러내 다른 사람의 명예를 훼손할 경우 3년 이하 징역 또는 3000만 원 이하 벌금에 처하도록 하고 있어요. 거짓 정보로 명예를 훼손할 경우에는 7년 이하 징역 또는 5000만 원 이하 벌금을 정하고 있어 더 무겁게 규율하고 있습니다. 그렇기에 단순 흥밋거리로 받은 찌라시라 할지라도, 특히 대상을 특정할 수 있는 허위 정보의 경우에는 더욱 유의해야 합니다.

날카로운 한 줄의 흉기, 댓글

인터넷 댓글은 우리나라에서 전자 민주주의를 꽃피운 유용한 도구로 인식돼 왔습니다. 인터넷 게시물이나 언론 기사 아래에 짧게 의견을 다는 댓글은 가상의 인터넷 공간을 누구나 참여할 수 있는 공론장으로 만들어 표현의 자유를 증진시키는 데 이바지했어요.

하지만 댓글의 순기능만큼이나 역기능의 폐해가 커지고 있습니다. 익명성을 전제로 한 댓글은 솔직한 의견 표명을 가능하게 했지만, 욕설과 혐오 표현, 근거 없는 인신공격, 정당한 주장에 대한 마구잡이식 비난 같은 무책임한 부작용을 낳았습니다. 급기야 한국식 인터넷 민주주의의 자랑이었던 댓글이 오히려 공론장을 훼손하고 타인의 권리를 침해하는 데까지 나아가고 있다는 지적도 받고 있어요. '댓글이 엉망진창'이란 뜻의 '댓망진창'이라는 말까지 생겼을 정도입니다.

2019년 10월 안타까운 선택을 했던 한 연예인도 악플(악성 댓글)에 지속적으로 피해를 입었습니다. 관련 기사뿐 아니라 소셜미디어에까지 옷 입는 스타일에서 사적인 인간관계에 대한 부분까지

©Wikimedia Commons

익명성이 보장되는 가상의 인터넷 공간.

비난과 욕설에 가까운 댓글이 달리며 정신적으로 고통을 받았어요. 당시 이 일을 계기로 다음과 네이버는 연예 기사에서 댓글란을 아예 폐지해 버렸습니다. 댓글란 폐쇄는 표현의 자유를 후퇴시킬 수 있는 원천적 차단 조치임에도 악플의 폐해가 심각하다 보니 여론조차 포털의 조치에 긍정적인 목소리가 많았습니다.

2008년 인기 배우 최진실의 죽음은 인터넷 실명제 도입으로까지 이어졌습니다. 이용자가 일정 규모 이상인 인터넷 게시판의 경우 글을 쓸 때 실명 인증을 거치도록 조치한 거였죠. 하지만 이는 표현의 자유와 개인정보 자기 결정권을 침해한다는 이유로 2012년 위헌 결정이 났습니다. 영화 〈브이 포 벤데타〉(2005)에는 똑같은 가면을 쓴 사람들이 혁명을 일으키고 억압적 사회를 무너뜨리는 모습이 등장합니다. 가면은 스스로를 보호하고 용기를 내게 하는 장치인 셈입니다. 그렇기에 헌법재판소는 인터넷 실명제가 익명성이라는 가면을 강제로 없애 헌법상 기본권인 표현의 자유를 옥죄는 결과를 가져올 수 있다고 판단한 거예요. 인터넷 실명제는 결국 폐지됐지만 2019년 댓글을 달 때 아이디 전체와 IP 정보를 공개하는 인터넷 준실명제 법안이 발의되기도 했습니다. 이 법안에 대해서도 과도한 규제와 조치라는 비판이 제기됐지만, 무분별한 댓글의 폐해를 이대로 두어서는 안 된다는 공감대는 더욱 커지고 있는 상황입니다.

댓글로 인한 폭력도 명백한 범죄라는 인식이 퍼지면서 피해자들도 이에 적극 대응하고 있습니다. 정보통신망법상 명예훼손 외에도 우리나라 형법에는 공개적으로 사람을 모욕할 경우 1년 이하 징역 또는 200만 원 이하 벌금에 처하도록 하고 있어요. 여기에서 '공개적인 공간'은 인터넷도 포함됩니다. 실제로 처벌까지 이어지기 위해서는 여러 가지 요건이 성립되어야 하지만, 처벌 여부를 떠나 고소당하고 수사받는 것 자체가 개인적으로는 소모적이고 불명예스러운 일이에요. 게다가 사이버 욕설 행위가 상대방에게 끼치는 해악은 이루 말할 수 없습니다.

인터넷 게시물과 소셜미디어의 댓글뿐 아니라 게임 공간에서 감정적으로 주고받은 욕설 또한 형사 고소로 이어지는 경우도 많습니다. 경찰청 통계에 따르면 사이버 명예훼손·모욕죄 발생 건수는 2014년 8880건에서 2019년 1만 6633건으로 대폭 늘었어요. 포털사이트에 '댓글 고발' '사이버 모욕' '게임 욕설'을 검색하면 댓글 때문에 고소당한 이들이나 반대로 정신적 피해를 입어 고소하려는 이들의 질문과 고민을 쉽게 접할 수 있어요. 인터넷 공간의 익명성은 표현의 자유를 보장해 주는 기본 장치이지, 누군가를 마음껏 욕하고 비난할 수 있는 자유의 방패막이 아니란 사실을 새겨야 합니다.

누군가 내 정보를 훔쳐 가고 있다

사랑하는 연인과의 사적인 영상이 유출돼 고통받는 이들에 대한 이야기를 취재한 적이 있어요. 디지털카메라나 휴대전화, 개인 저장 장치에 영상을 저장해 두고 있다가 해킹이나 분실로 영상이 인터넷에 유출되었죠. 그들은 수많은 영상을 찾아내 내려 달라고 요청도 해 보고, 사법기관에 형사 고소와 함께 민사 손해배상 청구를 통해 피해를 구제받기 위해 노력했습니다. 하지만 힘겹게 내린 영상은 어느새 또다시 복제돼 올라왔고, 이 반복되는 상황 속에서 피해를 구제받는 과정은 지난할 수밖에 없었어요.

정보의 보고이자 자유로운 소통의 창구인 인터넷은 때로 이처럼 무섭게 돌변합니다. 지워도 금세 다른 사이트를 통해 정보가 공유되고 불특정 다수에게 노출되면서 피해의 상처는 깊어집니다. 이처럼 공개되길 원치 않는 정보가 타인의 흥밋거리로 전락해 퍼져 버리는 경우를 우리는 종종 목격하고 있습니다. 대표적인 경우가 바로 '신상 털기'입니다. 사실 여부를 떠나 사회적으로 분노의 대상이 되거나 주목을 받는 이들의 개인정보를 과도하게 조사해 올리는 행위는 때때로 정의로운 것으로 포장되곤 합니다. '네티즌 수사대'라는 이름으로 숨겨진 진실을 파헤치는 정의의 사도처럼 그려지기도 하죠. 물론 전혀 예상치 못한 관점을 던지거나 논의의 물

해킹으로 도난당하는 개인정보.

꼬를 트는 역할을 하기도 하지만 대부분의 현실은 이와 다릅니다.

디지털 교도소는 신상 털기의 폐해를 적나라하게 보여 주는 사례입니다. 디지털 교도소는 강력범죄자나 성범죄자들의 얼굴 사진과 이름, 나이, 거주지, 휴대전화 번호 등 개인정보를 공개해 놓은 사이트로 2020년 6월 개설 직후 논란이 됐습니다. 익명의 운영진은 성범죄자에 대한 미온적인 처벌을 이유로 소셜미디어와 이메일로 제보를 받아 개인정보를 올리기 시작했습니다. 공익적 목적의 사적 복수였죠. 하지만 목적이 수단을 정당화할 수는 없는 법입니다.

디지털 교도소의 가장 큰 문제는 정확하지 않은 정보가 다수 포함돼 있다는 점이었어요. 심지어 성범죄와 전혀 관련 없는 무고한 사람이 범죄자로 지목되기도 했습니다. 한 30대 남성은 성폭행 가해자라며 개인정보가 공개됐는데, 확인 결과 가해자와 같은 이름의 전혀 다른 인물이었습니다. 성범죄자로 지목된 또 다른 대학생이 심장마비로 숨진 일도 있었는데, 친구들은 죽기 전 그가 억울함을 호소하며 극심한 심적 스트레스를 겪었다고 증언했어요. 논란이 이어지자 경찰이 결국 수사에 나섰고 2020년 9월 디지털 교도소를 운영했던 30대 남성이 베트남에서 검거됐습니다. 재판부는 "특성상 확산 속도가 매우 빠르고 전파 범위도 광범위할 뿐 아니라 이미 유포된 정보를 원상회복할 방법도 마땅히 없다"며 징역 3년 6월형을 선고했습니다.

공개적인 소셜미디어에 올린 사진이 도용되거나 과거 게시물이 원치 않게 소비되면서 피해를 입는 사례도 적지가 않습니다. 온라인 지우개가 있어 원치 않는 내 정보를 언제든 지울 수 있다면 얼마나 좋을까요? 그래서 나온 개념이 바로 '잊힐 권리'입니다. "난 그 정보가 남아 있기를 원하지 않으니 내 정보를 삭제해 줘"라고 요구할 수 있는 권리를 말해요. 2012년 1월 유럽연합이 세계 최초로 개인정보보호 규정GDPR : General Data Protection Regulation이란 이름으로 잊힐 권리를 법제화했고, 이후 더 구체적이고 광범위한 법적 권리로 확대됐습니다. 우리나라 헌법 제17조도 '모든 국민은 사생활의 비밀과 자유를 침해받지 않는다'고 규정하고 있고, 개인정보보호법을 통해서도 개인정보의 관리 주체로서 개인의 권리를 명시하고 있습니다. 방송통신위원회에서도 2016년 가이드라인을 통해 자신이 올린 인터넷 게시물의 삭제를 요구할 수 있는 권리를 규정했습니다.

그런데 나와 관련된 정보라는 이유로 그리고 내가 올린 정보라는 이유로 삭제를 무작정 요구하고 들어준다면 어떤 문제가 생길까요? 잊힐 권리를 법제화하는 데 많은 시간이 걸렸던 이유, 지금도 여전히 그 과정이 까다로운 이유가 여기에 있습니다. 잊힐 권리는 또 다른 헌법적 권리인 국민의 알 권리와 표현의 자유와도 맞닿아 있기 때문입니다. 과거의 기사를 삭제해 달라는 요구를 모두 들어준다면, 더군다나 그 대상이 공인이라면 잊힐 권리는 곧 국민

유럽의 일반정보보호규정(GDPR) 심볼.

의 알 권리를 제한하는 결과를 가져옵니다. 또 과도한 개인정보 활용의 제한은 빅 데이터가 주요 뉴미디어 기술로 대두되는 현실에서 산업 경쟁력을 과도하게 위축시키는 결과를 불러올 수도 있습니다. 이 때문에 법은 개인정보 수집 범위와 활용 목적과 기간 등을 명시해 사전 동의를 받은 경우 이를 활용할 수 있게 허용해 주고 있습니다.

디지털 기록을 삭제해 주는 '디지털 장례식', 인터넷상 게시물 등 평판을 관리해 주는 '디지털 세탁소'란 말은 이미 익숙한 용어가 되어 버렸습니다. 인터넷이 기본 전제가 되는 뉴미디어 시대에 잊힐 권리는 앞으로 더욱더 그 필요성이 높아질 거예요. 이에 앞으로 '어떤 개인정보를 어느 경우에 어디까지 삭제가 가능하도록 할 것이냐' 하는 법적 기준을 체계적으로 정비하는 것과 함께 최대한 빠르게 잊힐 권리를 행사할 수 있는 기술적 보완도 이뤄질 것으로 보입니다.

미디어 톡

잊힐 권리, 어떻게 해야 할까?

익명성은 인터넷의 가장 큰 장점 중 하나지만, 무너지는 순간 반대로 가장 큰 약점이 되기도 합니다. 2019년 텔레그램 채팅방을 통해 불법 음란물을 직접 찍고 공유했던 'n번방' 사건은 그야말로 충격적이었어요. 피해자 중 일부는 미성년자였는데, 이들은 '일탈계정' 운영자였어요. 일탈계정은 익명 계정을 통해 성적 욕구를 분출하는 계정을 말합니다. 가해자들은 경찰을 사칭, 해킹 등으로 이들의 개인정보를 알아냈고, 일탈계에 올렸던 사진을 주변 지인이나 가족에게 알린다고 협박했습니다. 피해자들은 두려움에 떨며 시키는 대로 할 수밖에 없었죠.

만약 자신과 관련한 악의적 내용이 인터넷에 유포돼 심각한 피해를 받고 있다면 어떻게 해야 할까요? 우선 곧장 경찰(국번 없이 112)에 신고해야 합니다. 만약 판단이 잘 서지 않는다면 경찰청 사이버수사국(국번 없이 182)을 통해 상담을 받을 수 있어요.

곧장 형사 고소하지 않고도 이에 대응할 수 있는 다양한 방법 또한 있습니다. 포털 사이트에 올라갔을 경우, 고객센터를 통해 삭제를 요청할 수 있습니다. 네이버는 '검색 제외 요청하기'와 '게시 중단 요청하기'를, 다음은 '명예훼손 신고하기'를 통해 조치할 수 있죠. 방송통신심의위원회에서도 인터넷상 권리 침해 상담(국번 없이 1377)을 받을 수 있고, 인터넷 피해 구제 제도를 이용할 수 있습니다. 인터넷상 명예훼손이나 모욕, 사생활 침해를 당했을 때 방송통신심의위원회 홈페이지에 피해 사실을 신고하면 심의를 통해 삭제 및 접속 차단 조치를 하죠. 개인정보가 유출됐거나 도용된 경우에는 한국인터넷진흥원 개인정보침해 신고센터를 통해 신고 및 상담이 가능합니다.

갈등을 만드는 미디어 양극화

혹시 '노마지지老馬之智'란 고사성어를 들어 봤나요? 『한비자韓非子』의 「설림상說林上」에 담긴 말로, 늙은 말의 지혜라는 뜻입니다. 기나긴 전쟁을 마치고 돌아오는 군대가 길을 잃었을 때, 늙은 말을 풀어 주고 그 뒤를 좇아가 위기에서 벗어났다는 데서 유래했습니다. 고대 중국의 사상가 공자孔子는 나이 일흔에 이르러서 비로소 마음 가는 대로 행동해도 법도에 어긋남이 없었다고 했어요. 70세를 '종심從心'이라 칭하며 성인의 경지에 빗대는 이유기도 합니다.

농경 사회에서 나이 많은 노인은 존경의 대상이었어요. 한평생 성공과 실패의 경험이 켜켜이 쌓여 적재적소에 솔로몬의 지혜를 발휘할 수 있었죠. 작물에 따른 파종과 수확 시기는 물론이고 병충해 및 지독한 가뭄과 홍수에는 어떻게 대처해야 하는지 각종 정보가 담긴 백과사전과도 같았습니다.

하지만 슬프게도 뉴미디어 시대에 노인의 지혜는 과거만큼 빛을 발하지 못하고 있습니다. 노인의 지혜에 기대지 않고도 검색 한 번이면 다양한 정보가 쏟아져 필요한 정보를 선택할 수 있게 됐기 때문입니다. 유튜브 등 동영상 플랫폼에서는 직접 시연하거나 체험하는 영상을 통해 충족하지 못한 정보를 얻을 수도 있죠. 더 큰 문제는 디지털 시대의 급변하는 환경이 정보 접근성을 높여 노인들이 가진 지혜의 가치를 평범한 정보로 전락시키는 데 그치지 않고 그들을 소외시키고 있다는 사실입니다. 하루가 멀다 하고 쏟아져 나오는 새로운 미디어 기기와 변화하는 디지털 환경은 노인들이 적응하기에는 너무나 힘들고 낯섭니다.

서글픔 깊어 가는 디지털 사회

2021년 3월, 트위터에 올라온 한 게시글이 많은 사람들을 슬프게 했어요. 작성자의 어머니는 햄버거가 먹고 싶어 패스트푸드점에 들러 음식을 주문하려 했다고 해요. 그런데 그 가게에서는 무인 단말기인 키오스크Kiosk를 이용해야 했습니다. 어머니는 낯선 키오스크 앞에서 20분간 헤매다 결국 주문에 실패했고, 속상한 마음에

무인 자동화 방식의 정보 단말기인 키오스크.

자녀와 통화하다가 "엄마 이제 끝났다"며 울컥 울음을 터뜨려 버렸어요.

인기 유튜브 크리에이터 박막례 할머니가 2019년 찍어 올린 키오스크 체험 영상에는 가슴 아픈 댓글이 숱하게 달렸습니다. "스마트폰 겨우 정복했더니 이번엔 무인 기계 그리고 온갖 앱을 이용한 시스템과 할인 제휴 혜택. 뭐 하나 가입하려면 앱 깔고 인증하고 이제는 QR 코드 인증, 어렵다" "글씨가 안 보인다거나 높이가 너무 높다는 건 상상도 못 했다" 같은 댓글이었죠. 한국소비자원이 2019년 키오스크 이용 경험이 있는 고령 소비자 245명을 대상으로 조사한 결과, 절반 정도가 복잡한 단계(51.4%), 다음 단계 버튼 찾기 어려움(51.0%), 뒷사람 눈치가 보임(49.0%), 그림·글씨가 잘 안 보임(44.1%) 등의 어려움을 겪었다고 해요. 미국의 시인 시어도어 렛키Theodore Roethke는 "너의 젊음이 너의 노력으로 받은 상이 아니듯, 나의 늙음이 나의 잘못으로 받은 벌이 아니다"라고 말했어요. 하지만 노인들의 서글픔이 더 깊어만 가는 시대라는 건 부정하기 어렵습니다.

코로나19 확산으로 비대면 환경이 급속도로 정착하면서 무인기계는 정말 빠르게 늘었습니다. 금융업도 인터넷 뱅킹 이용자가 늘면서 은행 창구와 직원 수가 점차 줄고 있고, 고속버스나 기차표도 키오스크나 온라인 예매가 일반화됐어요. 제가 자주 가는 동네 잡화점에도 어느새 1층 카운터가 사라지고 여러 대의 무인 계산기가 자리 잡았더라고요. 간편하게 요리할 수 있는 '밀키트Meal Kit'를 파는 가게와 아이스크림 할인점 역시 24시간 무인으로 운영되는 곳이 생겼습니다. 대형 마트도 점차 무인 계산대가 늘어나고 있는 추세예요. 글로벌 시장 조사 기업인 마켓인마켓에 따르면, 전 세계 키오스크 시장 규모는 2020년 262억 달러(약 30조 6000억 원) 수준이며, 2025년에는 328억 달러(약 38조 4252억 원)로 꾸준히 늘어날 것으로 예측했습니다.

보급된 지 10년이 지나 이제는 삶의 필수품이 된 스마트폰도 노인에게는 오히려 장애물이 되고 있습니다. 10대에서부터 50대에 이르기까지 스마트폰 보유율은 99퍼센트에 가깝습니다. 하지만 이 비율은 60대에 91.7퍼센트로 떨어지고, 70대 이상은 그 절반인 50.8퍼센트 정도만 스마트폰을 사용하고 있어요(「2020 방송매체 이용행태 조사」, 방송통신위원회). '손안의 세상'이라며 모두가 편리함을 당연시할 때 특정 세대에게는 그 당연함마저 전혀 다른 세상의 이야기였던 거예요.

디지털 가난이 온다

디지털 미디어에 의한 소외 현상을 우리는 디지털 격차라고 합니다. 그런데 이 디지털 격차는 비단 노인만을 향하지 않습니다. 가구 소득 격차는 경험의 차이로 이어지고, 경험해 보지 못하는 데에서 오는 상대적 박탈감은 개인을 위축시키기 마련입니다. 디지털 소외 현상도 마찬가지예요. 컴퓨터나 노트북, 태블릿PC 같은 미디어 기기는 대부분 고가이기 때문에 보유하지 못한 이들이 적지 않아요. 가구 소득에 따른 컴퓨터 및 태블릿PC 보유 현황을 들여다보면, 소득이 월 400만 원 이상인 가정의 보유율은 92.5퍼센트였습니다. 하지만 가구 소득이 줄어들수록 차츰 감소했어요. 가구 소득 월 200만 원대 가정에서는 74.2퍼센트, 월 100만 원대에서는 44.4퍼센트로 떨어져 절반에도 채 미치지 못했습니다(「2020 방송매체 이용행태 조사」, 방송통신위원회).

물론 갖고 있지 않아도 학교나 근처 공공도서관 등 공공기관에서 일정 부분 불편함을 감수하고 컴퓨터를 이용할 수 있습니다. 하지만 접근성을 넘어 실질적으로 얼마나 디지털 기기와 정보를 제대로 활용하는지에 대한 문제가 남습니다. 한국지능정보사회진흥원의 디지털 정보 격차 실태 조사 결과, 2020년 기준 4대 정보 취약 계층(장애인·저소득층·농어민·고령층)의 디지털 정보화 역량 수준은 일반인의 60.3퍼센트, 디지털 정보화 활용 수준은 일반인의 74.8퍼센트에 불과했습니다.

부모의 소득 수준에 따라 교육 수준이 이어지는 교육 불평등 현상은 나날이 깊어지고 있어요. 이는 과거 '개천 용'이라는 말을 가능하게 했던 교육의 계층 사다리 기능을 사라지게 하고 사회의 회복 탄력성을 떨어뜨리고 있죠. 디지털 접근 및 활용 능력은 이를 악화시키는 요소 중 하나로 작용하고 있습니다.

특히 코로나19는 디지털 격차를 극명하게 느끼게 해 주었어요. 2020년 코로나19가 확산하자 개학 시기가 미뤄지더니 결국 2020년 3월 31일, 유례없는 온라인 개학 방침이 발표됐습니다. 이에 따라 4월 초부터 고등학교 3학년생, 중학교 3학년생을 시작으로 차츰 온라인 개학을 했어요. 학생들은 학교에 가면 선생님의 관

코로나19 확산 후 비대면으로 이루어지고 있는 온라인 수업.

리 감독하에 보살핌을 받습니다. 하지만 원격 수업은 어떤가요? 말 그대로 집에서 스스로 컴퓨터 앞에 앉아 온라인 수업을 집중해서 들어야 하는데, 이는 쉬운 일이 아닙니다. 부모가 맞벌이라 옆에서 지도해 주기 힘들거나 가진 컴퓨터가 낡아 버벅대는 환경 속에서 교육 양극화 현상은 조금씩 더 심화될 수밖에 없었어요.

비단 우리나라만의 이야기는 아니에요. 2020년 미국의 비영리 단체인 커먼센스Common Sense의 발표에 따르면, 미국 공립학교에 다니는 유치원부터 고등학교 과정(K-12) 학생의 30퍼센트인 약 1500만 명이 인터넷이 연결되지 않거나 원격 수업을 할 수 없는 환경에 처해 있다고 합니다. 연 소득 2만 5000달러(약 3000만 원)

미만 가정의 아이들은 연 소득 10만 달러(약 1억 2000만 원) 이상 버는 가정의 아이들에 비해 원격 학습을 하지 않을 가능성이 10배 더 높다는 설문 조사 결과도 있습니다. 2020년 조사를 진행한 미국 시민단체 '부모가 함께하는 행동Parents Together'의 저스틴 루벤Justin Ruben 공동이사는 "코로나19가 우리 교육 시스템의 균열을, 가장 취약한 학생들을 집어삼키도록 위협하는 깊은 구렁텅이로 바꿔 놓았다"고 경고했습니다.

우리의 노력은 현재 진행 중

핵심 미디어로부터 사회 구성원이 소외받는 현상은 이전에도 존재했습니다. 매스미디어의 시대라고 정의했던 20세기에는 '퍼블릭 액세스권Public Access'이라는 개념이 있었어요. 한 번에 많은 사람을 대상으로 똑같은 메시지를 전달하는 매스미디어는 다양한 목소리를 막고 정보를 획일화할 수 있다는 위험성을 갖고 있었습니다. 또 당시 방송(지상파)이 공공자산인 전파를 이용하면서도 힘 있는 권력의 목소리만을 전달할 뿐 정작 시민의 목소리는 반영되지 않고 있다는 문제의식도 있었어요. 시민이라면 누구나 매스미디어에 접근하고 이용할 수 있는 권리인 퍼블릭 액세스권이 등장한 배경이죠.

1960년대 후반부터 미국을 중심으로 논의가 시작됐고, 우리나라에도 1990년대 필요성이 인정되면서 퍼블릭 액세스권을 보장하기 위한 여러 제도적 장치가 마련됐습니다. 2000년에는 방송법에 "방송 사업자는 시청자가 방송 프로그램의 기획·편성 또는 제작에 관한 의사 결정에 참여할 수 있도록 해야 하고, 방송의 결과가 시청자의 이익에 합치하도록 해야 한다"는 조항이 신설됐고, 각 방송사는 자사의 프로그램을 평가하는 시청자위원회를 의무적으로 두게 됐어요. 현재 전국에 설립돼 있는 방송통신위원회 산하 시청자미디어센터에서는 시민의 퍼블릭 액세스권을 보장하기 위해 방송 장비 대여, 콘텐츠 제작, 미디어 강의 같은 경험과 배움의 기회를 제공하고 있습니다.

디지털 격차를 줄이기 위한 사회의 노력도 계속돼 왔어요. '디지털 격차'라는 용어는 1995년 미국 뉴욕 타임스의 기사에서 처음 등장했고, 같은 해 미국통신정보관리청이 펴낸 「미국인 사이의 인터넷 보급에 관한 보고서」 이후 본격적으로 개념이 확산됐습니다. 당시 보고서는 교육 수준이 낮은 농촌 지역에 거주하는 이민자, 소수민족, 저소득층이 정보 통신 기술 접근에 광범위한 불평등이 있다는 사실을 보여 줬습니다.

세계적인 인터넷 강국으로 손꼽히는 우리나라는 2000년을 전후해 '세계에서 컴퓨터를 가장 잘 쓰는 나라'를 목표로 전 국민을 대상으로 한 컴퓨터 활용 교육에 힘을 쏟았어요. 급속도로 확산되는 디지털 환경 속에서 손이 미치지 못하는 정보 취약 계층에 대한 문제의식 또한 비교적 빠르게 공감대가 형성됐죠. 우리나라에서 '정보 격차'라는 말이 일반적으로 쓰이게 된 것도 이때쯤이었습니다. 2001년에는 「정보격차해소에 관한 법률」이 새롭게 제정됐어요. 이에 따라 정부는 5년마다 한 번씩 저소득층, 농어촌 지역 주민, 장애인, 고령자, 여성 등에 대해 자유로운 정보 통신망의 접근과 이용을 보장할 수 있도록 종합 계획을 마련해 발표하고 있습니다. 2020년 발표된 종합 계획에는 '디지털 포용 사회'를 목표로 다양한 대책이 담겼습니다. 매년 1000개의 디지털 역량 교육 센터 신설, 일대일 방문 디지털 역량 교육 확대, 공공와이파이 확대 구축, 높낮이 조절되는 지능형 키오스크 보급, 취약 계층 대상 스마트 기기 및 통신료 지원 추진 등입니다.

위기는 언제나 그렇듯 사회의 가장 약한 고리부터 잠식합니다. 어느 시대건 존재했던 세대 갈등, 계층 갈등이지만 디지털 환경 구축으로 인한 정보 격차는 이 갈등을 더욱 심화시키고 갈등으로 인한 사회적 비용을 증가시킵니다. UN은 인구 중 65세 인구의 비중이 7퍼센트를 넘으면 고령화사회, 14퍼센트를 넘으면 고령사회, 20퍼센트를 넘으면 초고령사회로 분류하고 있어요. 2020년 11월 기준 우리나라의 65세 이상 인구는 16.4퍼센트로, 초고령사회 진입도 목전에 두고 있습니다. 국민 6명 중 1명은 65세 이상 노인인 셈이에요. 디지털 격차를 줄이기 위한 노력을 게을리 한다면 세대 갈등을 넘어 우리나라 전체 국가 경쟁력이 떨어지는 결과로 이어질 수 있다는 점을 보여 주는 통계이기도 합니다.

사회에 빠르게 조성된 언택트 환경은 우리에게 편리함을 선사했습니다. 침대 위에 누워서 손가락 움직임 몇 번으로 음식을 주문하거나 은행 업무를 처리할 수 있죠. 하지만 그 이면에는 편리함에서 소외된 이들이 있다는 것을 잊지 말아야 합니다. 여러분의 할아버지, 할머니는 급변하는 디지털 세상에 잘 적응해 생활하고 계신가요? 만약 기회가 된다면 할아버지, 할머니와 함께 키오스크를 체험해 보는 건 어떨까요? 편리함에 감춰진 디지털 시대의 이면을 들여다볼 수 있는 좋은 경험이 될 수 있을 것 같습니다.

흑인 영웅 '블랙 팬서'의 등장

2021년 화제작, 탈영병 잡는 군인을 주인공으로 한 넷플릭스 드라마 〈D.P.〉 혹시 본 적 있나요? 드라마가 인기를 끌자 곧바로 tvN에서는 〈D.P.〉의 주연 배우 정해인이 군인 역할로 나왔던 2017년 드라마 〈슬기로운 감빵생활〉을 다시 방영했습니다. 저마다의 사정으로 범죄를 저지른 사람들이 교도소에서 살아가는 이야기를 담고 있어요. 그런데 흥미로운 지점이 하나 있습니다. '감방'이라는 드라마 설정답게 온갖 범죄자가 다 등장하는데, 유독 주먹을 쓰는 조직폭력배는 대부분 부산이나 인천 같은 지역 출신이라는 점이었어요. 다른 범죄자들이라고 좋게 묘사됐을 리 없지만, 머리가 아닌 몸을 쓰는 단순하고 무식한 이미지는 대부분 지방 출신으로 설정된 캐릭터가 독차지했습니다.

이는 우리나라 대중문화에서 반복되는 편견의 클리셰Clich입니다. 클리셰란 매번 반복되어 진부해진 표현을 일컫는 프랑스어예요. 1995년 방송 당시 사람들의 귀가를 재촉했다는 SBS 드라마 〈모래시계〉에서도 가장 비열하고 악질적인 깡패는 유독 전라도 사투리를 구사했습니다. 같은 고향 출신인 주인공들은 서울말을 썼다는 점과 비교해 보면 이 묘사가 시청자에게 어떻게 받아들여질지는 뻔했습니다. 이 때문에 김대중 전 대통령은 사석에서 "〈모래시계〉를 만든 사람들, 감독이나 PD를 용서할 수 없다"라고까지 이야기했다고 해요(『새벽: 김대중 평전』, 김택근, 사계절, 2012). '서울 공화국'이라고 불릴 정도로 가장 많은 이들이 사는 곳이 서울인데, 유독 대중문화 콘텐츠 속 주먹 쓰는 이들은 대부분 지역 출신이거나 특정 지역의 사투리를 쓰니 참 신기할 따름입니다.

암탉 울어도 집안은 망하지 않는다

미디어가 반복하는 편견의 클리셰는 지역 비하뿐만이 아닙니다. 대표적인 것 중 하나는 여성에 대한 묘사예요. "암탉이 울면 집안이 망한다"는 속담이나 꽃신을 들고 온 원님이 등장하는 전래 동화 『콩쥐 팥쥐』, 암행어사가 돼 돌아온 도령이 위기에 처한 춘향이를 구해 주는 『춘향전』 등은 이미 구시대적 가치이자 철 지난 이야기가 된 지 오래입니다.

하지만 대중문화 콘텐츠에서는 여전히 여성을 수동적인 존재로, 반대로 남성은 능동적인 존재로 그리곤 합니다. 특히 중년 이상 시청자 층을 대상으로 한 아침 드라마 등 일일극에서 이러한 묘사를 반복하는 경향이 있어요. 매일 챙겨 보려면 무엇보다 쉬워야 하고, 빠르게 몰입할 수 있어야 하기 때문에 자연스럽게 기존의 고정관념에 기대어 전개를 풀어 나가는 거죠. 계모로부터 온갖 구박을 당하지만 꾹꾹 참으며 남몰래 눈물 흘리는 여성, 조건 보지 않고 그런 여성을 사랑해 기꺼이 키다리 아저씨가 되어 주는 남성, 남성 몰래 찾아가 돈 봉투를 던지며 "감히 내 아들을 넘봐?" 외치는 재벌가 사모님의 모습은 너무나도 뻔한 클리셰 중 하나입니다.

제가 드라마를 보면서 가장 허탈했던 순간은 궂은 환경에서 어려움을 이겨 내며 진취적으로 삶을 헤쳐 나가던 여성 주인공에 몰입해 한껏 응원했더니, 결국에는 성공한 남성에게 기대 성공의 마침표를 찍을 때였습니다. 최근 들어 '백마 탄 왕자'의 모습이 재벌 2세를 넘어 능력 있는 전문직 종사자 등으로 다변화하긴 했지만 큰 얼개는 반복되곤 합니다.

언론계도 여기에 일조하고 있어요. 온라인상에는 종종 여성 비하를 부추기는 듯한 기사가 나옵니다. 2021년 근무 시간 중 여경에게 운전 연습을 시켜 논란이 일고 있다는 기사가 화제가 되었어요. 온라인 커뮤니티에서 한 글쓴이가 공원에서 여성 경찰을 상대로 다른 남성 경찰이 운전 연습을 시키고 있는 모습을 본 뒤 사진과 함께 '여경의 근무 중 주차 연습'이란 글을 올린 거예요. 이를 둘러싸고 커뮤니티 내에서 논쟁이 일었고, 그걸 기사화한 것이었습니다. 여러분은 어떻게 생각하나요? 저는 이 기사가 굉장히 폭력적이라는 생각이 들었습니다. 여경도 경찰입니다. 굳이 '여경'이라고 성별을 강조할 게 아니라, 경찰이 후임 경찰에게 운전 교육을 시켰다고 했다면 이처럼 비난 여론이 크지 않았을 거예요. 여성에 방점을 찍어 이들이 경찰 업무에 적합하지 않다는 식의 '여경 무용론'이 맥락에 담길 줄 뻔히 알면서도 이를 기사화하는 건 특정 성별을 비하하도록 부추길 따름입니다. 정제되지 않은 의견이 거칠게 오가는 온라인 커뮤니티에서의 논의를 언론이 그대로 전하며 '현실을 반영했다'라고 자위하는 것 또한 무책임하기 그지없습니다.

편견을 강화하는 미디어

미디어가 얼마나 강력한 효과를 갖느냐를 설명하는 미디어 효과 이론 중 하나로 '배양 이론Cultivate Theory'이 있습니다. 미디어를 많이 접할수록 미디어가 묘사한 세상을 실제와 같다고 여기게 된다는 이론이에요. 미디어학자인 조지 가브너George Gerbner는 여러 실험을 거친 뒤 "TV에 장시간 노출되면 우리가 사는 세상이 비열하고 위험하다는 이미지를 심어 주는 경향이 있다는 사실을 발견했다"고 결론 내렸습니다. 20세기 매스미디어 시대에 나온 이론이기에 지금 시대에 직접적으로 받아들일 순 없지만, 무비판적 미디어 이용이 가진 위험성을 보여 주고 있다는 점에서 참고할 만합니다.

저는 특히 가볍게 볼 수 있는 연성軟性 콘텐츠에 숨겨진 편견을 더욱 곱씹어 봐야 한다고 생각해요. 연성 콘텐츠는 영화나 예능, 드라마처럼 가볍게 즐길 수 있는 콘텐츠를 말합니다. 이 같은 콘텐츠는 비판적으로 받아들이기 어렵기 때문에 가랑비에 옷 젖듯 편견을 강화할 수 있습니다. 물론 콘텐츠 속 묘사는 현실에 발을 딛고 있어요. 무슨 말인가 하면, 통상 사람들의 공감을 목표로 하는 이들 콘텐츠가 완전히 허무맹랑한 묘사를 담지는 않는다는 거예요. 지역 비하도, 여성 비하적 묘사도 구시대적 고정 관념이지만 사회 속에서 실재했던 모습이었던 것과 같습니다. 하지만 그것이 곧 현실은 아니기에 비판적으로 받아들이는 게 중요합니다.

캐리커처Caricature를 본 적 있나요? 캐리커처는 짧은 순간 상대의 특징을 잡아 그려 냅니다. 잘 그린 캐리커처를 보면 누가 봐도 특정 대상이 떠올라요. 하지만 특징을 표현한 캐리커처가 그 인물의

© Wikimedia Commons

캐리커처로 그린 도널드 트럼프(좌)와 찰리 채플린(우).

얼굴을 그대로 담은 초상화는 아니죠. 캐리커처를 그대로 받아들여 대상을 인식하게 되면 우스꽝스럽게 희화화된 모습만 떠오를 거예요. 저는 미디어 속 편견이 안 좋은 특징만 모아 놓은 캐리커처 같다고 생각하곤 해요. 우리가 미디어 속 묘사를 바라볼 때 비판적으로 곱씹어 봐야 하는 이유입니다.

흑인은 죄가 없다

미국 사회에서 흑인은 정치·경제·사회적으로 오랜 기간 핍박을 받아 왔어요. 1960년대 중반까지만 해도 미국에서 흑인은 식당과 화장실, 극장, 대중교통 같은 공공시설을 백인과 함께 사용할 수 없었죠. 당시의 상황은 흑인 피아니스트 돈 셜리Don Shirley의 실화를 바탕으로 만들어진 영화 〈그린 북〉(2018)에 잘 담겨 있습니다. 돈 셜리는 공연을 해 달라며 최고급 호텔로부터 초청받았지만, 정작 그 호텔 레스토랑에서조차 식사하지 못했고 백인이 사용하지 않는 허름한 화장실을 써야 했으며 술집에서도 차별당하기 일쑤였습니다. 미국에서는 1865년 12월 어떠한 노예제도나 강제 노역도 미국에 존재할 수 없다고 정한 수정헌법 제13조가 제정되면서 공식적으로는 노예제도가 폐지됐습니다. 하지만 '분리하되 평등하다'는 말도 안 되는 짐 크로 법Jim Crow Law이 1965년까지 이어지면서 공공장소에서는 합법적으로 흑인을 백인과 분리하고 차별했어요. 1950년대와 1960년대 미국에서 흑인 민권운동이 일면서 짐 크로 법도 폐지됐지만, 눈에 보이지 않는 흑인 차별 정책과 문화는 여전히 이어져 왔죠.

정치·경제·사회적 핍박이 문화 영역에까지 이어진 건 어쩌면 자연스러운 흐름일 거예요. '블랙페이스Blackface'라는 말을 들어 본 적 있나요? 미국에서 흑인이 아닌 사람이 흑인을 연기하기 위해 얼굴을 검게 칠했던 연극 화장입니다. 19세기 미국에서 블랙페이스로 유행을 끌었던 코미디 쇼를 민스트럴 쇼Minstrel Show라고 해요. 민스

©Wikimedia Commons

대표적 인종 차별 캐릭터 짐 크로.

트럴 쇼는 과하게 분장한 블랙페이스 흑인 캐릭터를 등장시켜서 흑인을 게으르고 무지하며 겁이 많은 우스꽝스러운 인물로 묘사했습니다. 당시 특히 인기 있었던 캐릭터가 시골의 초라한 흑인 짐 크로였고, 짐 크로 법의 어원이 됐죠.

블랙페이스 코미디에 백인 사회는 즐기며 열광했지만, 이는 사회에 쉽게 지워지지 않는 고정관념을 남겼습니다. 미국 국립흑인역사문화박물관은 "백인 미국인들은 외모, 언어, 춤, 품행, 성격 등에 있어 아프리카계 미국인의 특징과 문화를 왜곡함으로써 계급과 지정학적 경계를 넘어 백인을 그에 반대되는 대척점으로 확고히 했다"고 했습니다. 흑인을 미개한 존재로 왜곡하면서 그에 반대

되는 존재로 백인의 우월성을 강조했다는 설명입니다. 이런 내재된 폭력성 때문에 21세기 미국 대중문화에서 블랙페이스는 거의 사라졌지만 흑인에 대한 고정관념은 이어지고 있어요.

블랙페이스가 백인을 흑인으로 분장하는 것이라면, 유색인 캐릭터 자체를 백인으로 바꾸기도 합니다. 이를 화이트워싱Whitewashing이라고 해요. 화이트워싱은 백인 중심의 대중문화 시장에서 더 많은 관객을 모으기 위해 유색인 캐릭터 역에 백인을 캐스팅해 왔던 영화계의 관행이었습니다. 화이트워싱은 그 자체로 유색인의 대중문화 내 기회와 입지를 좁히기도 해요. 화이트워싱 역시 최근까지도 논란을 불러오고 있어요. 일본 애니메이션을 원작으로 한 〈공각기동대: 고스트 인 더 쉘〉(2017)의 주인공 '쿠사나기 모토코' 역에 백인인 스칼렛 요한슨Scarlett Johansson이 캐스팅됐을 때도, 〈닥터 스트레인지〉(2016)에서 티베트인인 '에이션트 원' 역에 틸다 스윈턴Tilda Swinton이 캐스팅됐을 때에도 논란이 있었죠.

이 외에도 미국 대중문화에서는 백인 우월주의를 바탕으로 중동인은 폭력적인 테러리스트로, 라틴계는 질 낮은 범죄자이자 성적인 대상으로, 아시아인은 음식점 종업원처럼 존재감 자체가 희미하게 묘사되곤 했습니다.

하지만 변화는 이미 시작됐습니다. 편견에 대해 문제 제기가 잇따르고 사람들의 인식도 바뀌자 시대의 흐름을 담을 수밖에 없는 미디어도 바뀌고 있어요. '오스카'는 이를 보여 주는 대표적인 방증입니다. 오스카는 미국을 대표하는 아카데미 시상식이지만 백인들만의 잔치라는 오명이 있었어요. 2015년 오스카 각 부문 연기상 후보 발표에서 후보 20명 모두 백인으로 발표되자 소셜미디어를 중심으로 '#OscarsSoWhite(오스카는 너무 하얗다)' 해시태그Hashtag 달기 운동이 시작됩니다. 문제 제기에도 불구하고 2016년까지 비슷한 상황이 계속되자 시상식 보이콧 움직임까지 일었어요. 결국 오스카는 다양성 규정 4가지를 신설하고, 이 중 2가지를 충족해야 작품상 후보에 오를 수 있다는 규칙을 2024년부터 적용하기로 했습니다.

영화 〈닥터 스트레인지〉로 화이트워싱 논란이 거세게 일었을 때 마블스튜디오 대표인 케빈 파이기Kevin Feige는 "앞으로 만들 영화는 더욱 다양한 캐릭터를 볼 수 있을 것"이라며 "실제 세상을 반영하는 것이 우리에게는 굉장히 중요하다"고 얘기하기도 했습니다. 영화 〈블랙 팬서〉(2018)의 등장은 그래서 더 뜻깊고 상징적입니다. 미국을 대표하는 다분히 미국적 콘텐츠인 마블이 흑인 슈퍼히어로를 솔로로 내세운 첫 상업 영화이기 때문이에요. 더군다나 그간 대중문화계에서 주로 미개한 원주민으로 소비되던 아프리카계 흑인에 주목했기에 더 특별했고, 전 세계적인 흥행을 이뤄 냈어요.

2016년 오스카 사태 이후 할리우드는 본격적으로 다양성에 주목했습니다. 앞서 언급했던 〈그린 북〉, 흑인 아이의 성장기를 담은 〈문라이트〉(2016), 블랙 시네마의 상징인 스파이크 리Spike Lee 감독의 〈블랙클랜스맨〉(2018) 등 인상적인 작품이 이어졌죠. 2018년 3월 인종 차별을 공포 영화에 녹여 낸 〈겟 아웃〉(2017)으로 오스카에서 각본상을 수상한 조던 필Jordan Peele 감독은 "지금은 블랙 시네마의 르네상스"라고 말했습니다. 기존에도 흑인의 삶에 주목한 블랙 시네마가 있었지만 그동안에는 이처럼 할리우드의 주류에 성공적으로 편입하지는 못했으니까요.

우리에게 달린 뉴미디어 속 편견

매스미디어의 시대가 저물고, 여러 미디어를 통해 다양한 목소리가 오가는 뉴미디어 시대가 열렸습니다. 그 속에서 미디어 편견은 줄어들고 있을까요? 앞으로는 어떻게 될까요? 이에 대한 알맞은 답은 "우리에게 달렸다"일 거예요. 우리는 과거와 달리 얼마든지 원하는 콘텐츠를 찾아 선택할 수 있습니다. 콘텐츠 속에서 무엇을 어떻게 받아들일지는 우리에게 달린 거죠.

물론 편견을 해소하기에 환경이 더 좋아졌다고 말하기는 어렵습니다. 편의를 위한 인공지능 추천 알고리즘은 우리에게 취향의 폭을 좁히도록 강요하면서 편견을 강화하고 있죠. 수많은 콘텐츠 속에서 주목받기 위해 더 폭력적이고 왜곡된 방식으로 콘텐츠를 제작하는 크리에이터도 적지 않습니다. 일부 온라인 커뮤니티에는 특정 지역이나 성별 등을 비하하는 혐오 표현이 일상적으로 쓰이기도 해요.

그럼에도 불구하고 우리는 검색 한 번이면 다양한 의견을 찾아볼 수 있습니다. 손쉽게 반대 논리를 접할 수 있으며, 고개가 갸우뚱거려지는 콘텐츠에는 댓글을 통해 치열하게 반대 의견을 주고받을 수 있는 시대에 살고 있어요. 난민, 성차별, 동성애, 장애인, 지역 차별 등 그간 미디어 속에서 무비판적으로 접해 왔을지 모를 편견을 우리가 직접 바로잡을 수 있는 환경이 충분히 갖춰져 있는 거예요.

흔히 가치가 떨어지는 물건이 가치 있는 물건을 쉽게 몰아내는 것을 두고 "악화가 양화를 구축한다"고 말하곤 합니다. 은 함량이 높았던 원래의 화폐(양화) 대신 은 함량이 낮은 화폐(악화)를 유통했더니 사람들이 원래 화폐는 집에 쌓아 두고 은 함량이 낮은 화폐만 사용한 것에서 유래했습니다. 편견을 강화하는 질 낮은 콘텐츠가 편견을 바로 잡는 양질의 콘텐츠를 밀어내지 않도록, 뉴미디어에서만큼은 악화가 양화를 구축하지 않도록 개개인의 노력과 집단 지성이 중요해 보입니다.

미디어 톡

콘텐츠 강자 디즈니의 특별한 안내 문구

1923년 설립된 디즈니는 자타가 인정하는 세계 최고의 애니메이션 기업입니다. 디즈니의 상징이라 할 수 있는 미키마우스에서 최근 <겨울왕국>(2013)의 엘사까지 전 세계 어린이뿐 아니라 어른까지도 열광하게 만든 수많은 캐릭터를 배출해 냈습니다. 그런데 100년 가까이 되는 오랜 기간 애니메이션을 만들어 오다 보니 디즈니는 피할 수 없는 논란을 종종 겪었습니다. 과거의 편견을 담고 있는 디즈니의 과거 애니메이션이 반복적으로 사회적 논란을 불러왔던 거예요. 예를 들어, 남성 중심적인 문화 속에서 백마 탄 왕자를 기다리는 여성을 주인공으로 그렸던 디즈니의 애니메이션 <백설공주>(1937), <신데렐라>(1950), <잠자는 숲속의 미녀>(1959) 등은 사회적 고정관념을 강화하는 역할을 해 왔다는 비판을 꾸준히 받았죠.

그런데 2000년 전후를 시작으로 계속해서 이어진 편견을 극복하려는 디즈니의 노력은 시대의 변화를 보여 줍니다. 디즈니 최초의 동양 여전사를 주인공으로 그린 <뮬란>(1998)이나 백마 탄 왕자가 아닌 스스로의 힘으로 위기에 처한 왕국을 구해 내는 공주를 유쾌하게 그려 낸 <겨울왕국>에서 여성은 기껏해야 사랑만을 욕망하는 수동적 존재가 아니었습니다.

이러한 노력의 일환으로 디즈니는 2020년 10월 자사의 OTT 서비스인 디즈니플러스에 다음과 같은 특별한 안내 문구를 추가했어요.

"이 프로그램에는 인종이나 문화에 대한 고정관념이나 부정적 묘사가 포함될 수 있습니다. 이 고정관념은 그때 당시에도, 그리고 지금도 잘못된 것입니다. 이 콘텐츠를 삭제하기보다는 좀 더 포용적인 미래를 만들기 위해 이것의 해로운 영향을 인정하고, 대화를 통해 그것으로부터 배우기를 희망합니다."

일부 옛 애니메이션을 보려면 이용자들은 이 문구를 일정 시간 동안 봐야만 합니다. 아메리칸인디언을 '레드 스킨'이라는 인종 비하적인 표현으로 지칭한 <피터 팬>(1953)은 안내 문구에서 더 나아가 7세 이하 어린이들이 볼 수 없도록 조치하기도 했어요.

디즈니가 2019년 11월 OTT를 처음 선보일 당시에는 "우리는 최초 만들어진 형태로 프로그램을 제공합니다. 이 프로그램은 오래된 문화적 묘사를 포함할 수 있습니다"라는 짧은 안내만 내보냈습니다. 하지만 이후 사회적 비판 여론을 무게감 있게 받아들였고, 진정성 담긴 문구가 추가되었죠. 물론 사업적인 측면이 결정에 큰 영향을 줬겠지만, 디즈니가 이처럼 사회적 비판을 무시하지 않고 책임감 있게 조치하는 모습은 퍽 인상적입니다. 과거에 만들어진 콘텐츠라며 어쩔 수 없는 일이라 넘기지 않고 이를 무게감 있게 받아들이고 성찰하는 모습은 시대적 묘사가 필수적인 콘텐츠를 만드는 모든 이들이 눈여겨봐야 할 대목입니다.

함께 더 생각해 봅시다

'배드 파더스Bad fathers'라는 홈페이지를 알고 있나요? 이혼 후 자녀에게 양육비를 주지 않는 부모의 신상을 공개한 홈페이지입니다. 사진과 함께 이름과 나이, 사는 곳과 직업, 언제부터 얼마나 양육비를 주지 않았는지 등의 정보가 담겨 있습니다.

이 홈페이지는 표현의 자유를 존중해야 한다는 논리와 개인의 명예를 훼손하고 있다는 지적 사이에서 꾸준히 논란을 불러왔습니다. 즉, 양육비를 받지 못할 경우 이를 강제할 법적 수단이 부족한 현실에서 한부모 가정의 어쩔 수 없는 선택이자 공익을 위한 행위라는 의견과 그럼에도 불구하고 공인도 아닌 일반 개인의 신상을 본인 동의 없이 공개하는 것은 심각한 명예훼손이라는 의견이 맞섰던 거죠. 결국 신상이 공개된 이들에 의해 배드 파더스의 운영진이 명예훼손 혐의로 여러 재판에 넘겨졌는데, 재판을 맡았던 각 1심 법원도 어떤 곳은 무죄, 어떤 곳은 유죄로 판단을 달리할 정도였어요.

배드 파더스는 논란과 별개로 양육비 미지급 문제를 공론화했고, 결국 2020년 12월 양육비 미지급 부모에 대한 규제를 강화하는 법안이 통과됐습니다. 이에 따라 배드 파더스는 2021년 10월 중순 홈페이지 운영을 중단했어요.

만약 여러분이 1심 법원의 재판장이었다면 어떻게 판결했을까요? 배드 파더스의 행위는 사회적 약자를 보호하기 위한 올바른 행동이었을까요, 아니면 반대로 개인의 명예를 훼손한 폭력적인 조치였을까요?

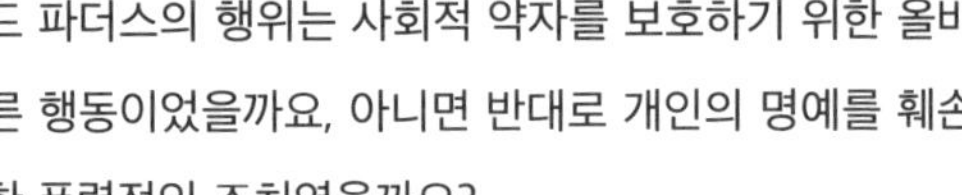

참고 문헌

김슬옹, 『28자로 이룬 문자혁명 훈민정음』, 미래엔아이세움, 2007.

랄프 게오르크 로이드, 『괴벨스, 대중 선동의 심리학』, 김태희 옮김, 2006.

로저 피들러, 『미디어 모포시스』, 조용철 옮김, 커뮤니케이션북스, 1999.

마셜 매클루언, 『미디어의 이해』, 김상호 옮김, 커뮤니케이션북스, 2011.

앤드류 로빈슨, 『문자 이야기』, 박재욱 옮김, 사계절, 2003.

윤석민, 『커뮤니케이션의 이해』, 커뮤니케이션북스, 2007.

임두빈, 『원시미술의 세계』, 가람기획, 2001.

제닝스 브라이언트·수잔 톰슨·브루스 핀클리어, 『미디어 효과의 기초』, 배현석 옮김, 한울아카데미, 2016.

크리스 호록스, 『텔레비전의 즐거움 : 텔레비전의 작은 역사』, 강경이 옮김, 루아크, 2018.

파울 요제프 괴벨스, 『괴벨스 프로파간다』, 추영현 옮김, 동서문화사, 2019.

김경훈, 「주요 산업별 인공지능(AI) 도입 현황 및 시사점」, 『AI TREND WATCH』 2021-12호, 2021.

김창화, 「EU 인공지능(AI) 윤리 가이드라인 연구」, 한국인터넷진흥원, 2019.

송해엽·양재훈, 「포털 뉴스 서비스와 뉴스 유통 변화 : 2000-2017 네이버 뉴스 빅데이터 분석」, 『한국언론학보』 61권 4호, 2017.

엄효진·이명진, 「인공지능(AI) 기반 지능정보사회 시대의 노동시장 변화 : 경제사회학적 접근을 중심으로」, 『정보사회와 미디어』 21권 2호, 2020.

이자연, 「AI의 혜택 및 위험성 인식과 AI에 대한 태도, 정책 지지의 관계」, 『한국콘텐츠학회 논문지』 21권 4호, 2021.
정용찬·김윤화, 「2020 방송매체 이용행태 조사」, 방송통신위원회, 2020.
한지영·김지은, 「인공지능 윤리 가이드라인-일본과 EU 사례를 중심으로」, 한국정보화진흥원, 2019.
K. Grace, J. Salvatier, A. Dafoe, B. Zhang, O. Evans, 「When Will AI Exceed Human Performance? Evidence from AI Experts」, 『Journal of Artificial Intelligence Research』 62, 2018.
Nielsen, 「Total Audience Report」, 2020.
Reuters Institute for the Study of Journalism, 「Digital News Report 2021」, 2021.

안녕? 나는 호모미디어쿠스야

초판 1쇄 발행일 2022년 2월 7일
초판 2쇄 발행일 2022년 10월 18일

지은이 노진호
펴낸이 정은영
편집 문진아 조현진 정사라
마케팅 최금순 오세미 공태희
제작 홍동근

펴낸곳 (주)자음과모음
출판등록 2001년 11월 28일 제2001-000259호
주소 10881 경기도 파주시 회동길 325-20
전화 편집부 (02)324-2347, 경영지원부 (02)325-6047
팩스 편집부 (02)324-2348, 경영지원부 (02)2648-1311
이메일 jamoteen@jamobook.com

ISBN 978-89-544-4805-5 (44080)
978-89-544-3135-4 (set)